核工业标准与专利

中核战略规划研究总院　著

中国原子能出版社

图书在版编目（CIP）数据

核工业标准与专利 / 中核战略规划研究总院著. --
北京：中国原子能出版社，2023.12（2025.7重印）
ISBN 978-7-5221-3190-0

Ⅰ. ①核… Ⅱ. ①中… Ⅲ. ①原子能工业–标准–研究–中国②原子能工业–专利–研究–中国 Ⅳ. ①F426.23

中国国家版本馆 CIP 数据核字（2023）第 231273 号

内 容 简 介

本书以核工业标准与专利融合为主线，简要阐述了涉及标准、专利、标准必要专利等基础知识，标准与专利融合的作用、国内外发展情况以及相关融合案例，全面梳理了核工业相关的国际标准组织和国内标准组织及其专利政策和要求，概述和简要分析了核工业的各类标准和专利的现状及其发展趋势。分别从行业角度、标准组织的角度提出了开展标准与专利融合的建议，为相关企业进行标准必要专利系统性布局提供指引，也提出了开展标准与专利融合第三方服务机构的建议等。

核工业标准与专利

出版发行 中国原子能出版社（北京市海淀区阜成路 43 号 100048）
责任编辑 韩 霞
装帧设计 邢 锐
责任校对 冯莲凤
责任印制 赵 明
印　　刷 北京厚诚则铭印刷科技有限公司
经　　销 全国新华书店
开　　本 787 mm×1092 mm 1/16
印　　张 14.5
字　　数 230 千字
版　　次 2023 年 12 月第 1 版 2025 年 7 月第 3 次印刷
书　　号 ISBN 978-7-5221-3190-0 **定 价** **50.00 元**

发行电话：010-68452845

编辑委员会

主　编　康椰熙　张春东

副主编　董瑞林　莫　丹　梁雪元　刘昕宇

编写人员　张学耀　陈晓菲　潘建均　高安娜

邓瑞源　曲　漾　刘尚源　司　宇

马　宁　王会静　郑吉家　张雅丁

王福囤　薛　岳　吴飞飞　钟昊良

黄　骏　殷克迪　杨丛松　闫兆梅

李筱珍　李昱昉　李东斌　吴凤凤

王　鹏　连哲莉　苏崇宇　刘立坡

茆丹丹　杜　建　孙业丛　焦丽玲

董振邦　赵　诺　王维哲　张　壹

查光源　王璟诚　卞逢源　肖　晨

李　晗　郝晓雨　陈　星　徐心依

武　涵　祝　楷　王嘉鋆　唐志尧

牛敬娟　赵苏宇　张　鑫　俞　龙

张红娜　张韶琳　张　瑜　韩宇琦

前言 Preface

创新发展是习近平新时代中国特色社会主义思想的核心内容之一。“技术专利化、专利标准化”如同创新发展的一体两翼，是现代化创新企业实现跨越式发展的必由之路。标准作为经济活动和社会发展的技术支撑，是企业抢占技术制高点和行业话语权的重要抓手。专利鼓励发明创造，是企业保护知识产权、将技术转化为经济利益的重要手段。为推动标准与专利的协同联动，中共中央和国务院近年来发布了《国家标准化发展纲要》《知识产权强国建设纲要（2021－2035 年）》《关于开展质量提升行动的指导意见》等系列文件，明确要求建立健全技术、专利、标准协同机制，鼓励企业构建技术、专利、标准联动创新体系。

我国核工业经过数十年的发展，已进入向核工业强国迈进的新阶段。核工业标准、专利发展迅速，为核工业创新发展提供了坚实支撑。但在核工业的标准与专利融合方面一直未被重视，有待全行业贯彻落实标准与专利的协同联动，加强发展标准必要专利这一战略资源，进一步形成技术和市场高地。中核战略规划研究总院有限公司核工业标准化研究所、核工业知识产权与成果转化研究所，作为核工业专业的标准化机构和知识产权机构，联合开展了标准与专利融合的系统研究，梳理分析了核工业标准、专利、标准必要专利的现状和形式，力求为核工业相关政府部门、标准组织（组织制定发布标准的机构）、企事业单位、标准化和知识产权工作者提供翔实的相关知识与建议，为核工业标准与专利融合提供帮助和指导。

本书内容以核工业标准与专利融合为主线。第一章简要阐述了涉及标准、专利、标准必要专利等基础知识，标准与专利融合的作用、国内外发展情况以及相关融合案例。第二章全面梳理了核工业相关的国际标准组织和国内标准组织及其专利政策和要求。第三章概述和简要分析了核工业的各类标准和专利的现状及其发展趋势。第四章分别从行业角度、标准组织的角度提出了开展标准与专利融合的建议，为相关企业进行标准必要专利系统性布局提供指引，也提出了开展标准与专利融合第三方服务机构的建议等。

本书在写作过程中参考了大量前人之作，查找了大量最新的资料，但由于相关研究工作还有待深入，有些观点和建议受水平所限，瑕疵和纰漏在所难免，恳请读者批评指正，激励和帮助我们在核工业标准和专利融合的研究上继续进步。

编　者

2023 年 8 月

目录

Contents

第一章　标准与专利融合概论 ……………………………… 1

第一节　标准的基本概念 ……………………………… 1

一、标准化意义 ……………………………… 1

二、标准的定义 ……………………………… 2

三、标准的类型 ……………………………… 4

第二节　专利的基本概念 ……………………………… 7

一、专利的意义 ……………………………… 7

二、专利的定义 ……………………………… 10

三、专利的类型 ……………………………… 11

第三节　标准与专利融合 ……………………………… 14

一、标准与专利融合的必然性 ……………………………… 14

二、标准与专利融合的方式 ……………………………… 16

三、标准与专利融合的趋势 ……………………………… 19

四、标准与专利融合案例 ……………………………… 32

第二章 核工业标准组织及其专利政策 …… 46
第一节 国际标准组织及其专利政策 …… 46
一、国际标准组织概述 …… 47
二、ISO 和 IEC 的专利政策 …… 52
第二节 国家标准和行业标准的专利政策 …… 57
一、核工业相关的全国和行业标准组织 …… 57
二、全国和行业标准组织的专利政策 …… 60
第三节 团体标准和企业标准的专利政策 …… 81
一、核工业相关的团体标准组织 …… 81
二、团体标准组织的专利政策 …… 83
三、企业标准与专利融合的政策 …… 100
第三章 核工业标准和专利的现状与趋势 …… 101
第一节 核工业标准发展现状和趋势 …… 101
一、国际标准 …… 101
二、政府主导制定的标准 …… 107
三、团体标准 …… 117
第二节 核工业专利发展现状与趋势 …… 126
一、核工业专利发展现状 …… 127
二、核工业专利发展趋势 …… 129
第四章 核工业标准与专利融合策略 …… 143
第一节 核工业标准与专利融合实践 …… 143
一、核行业标准与专利融合案例 …… 143
二、ISO 标准提案涉及专利案例 …… 144

三、企业标准涉及专利案例……146
四、存在的不足……147
第二节 政府参与推进标准与专利融合……153
一、政府促进标准与专利融合的重要性……153
二、引导核工业标准与专利融合……155
三、开展标准与专利融合人才培养……157
第三节 企业开展标准与专利融合方法……158
一、标准与专利融合的基本做法……158
二、标准与专利融合基本方式……161
三、标准与专利融合实施模式……166
第四节 核工业标准组织完善标准与专利融合制度……179
一、引导重要专利融入标准……179
二、加强专利信息披露……181
三、必要专利实施许可声明……182
第五节 健全标准与专利融合的第三方服务……185
一、专利池管理服务……186
二、标准必要专利评估服务……186
三、标准必要专利许可服务……187
四、专利侵权调解和仲裁服务……194
第六节 标准必要专利的法律保护……194
一、标准必要专利法律保护路径……194
二、标准必要专利侵权认定分析……196
三、标准必要专利许可条件确认之诉……201

四、标准必要专利中的行为保全 …………………………… 203
五、核行业标准必要专利法律保护重点 ……………………… 205
第七节　标准与专利融合的一般流程 …………………………… 210
一、专利化先于标准化 …………………………………………211
二、标准化先于专利化 ………………………………………… 212
三、标准化与专利化同时进行 ………………………………… 213
参考文献 ………………………………………………………… 216

第一章

标准与专利融合概论

第一节　标准的基本概念

一、标准化意义

标准化是社会发展的原始本能和天然诉求。人们在发展演进过程中总是在客观世界的多样性中寻找规律，规律性的东西演化成最佳秩序，促使人类活动从无序趋于有序。从古至今，标准化影响着人类发展的方方面面，时时处处影响着人们的生活，于有形和无形中推动着历史的发展。

标准化随着社会而不断发展，不变的是对秩序和确定性的理性化追求，变的是标准在社会经济中发挥的不同作用。早在石器时代，人们对生产工具的不断寻优，推动了石器制式的固化和推广。上古结绳而治，其有约誓之事，事大大其绳，事小小其绳，结之多少，随扬众寡，各执以相考，亦足以相治也。我国出土的古代《伏羲女娲手执规矩图》中女娲执规、伏羲持矩，也反映了人们对符合天地万物、阴阳运行的标准化生活的实践和诉求。古罗马取法自然，用两匹马屁股的宽度决定了现代铁路的国际标准轨距。秦朝“一法度衡石丈尺”“车同轨，书同文”，在中央集权、社会协同方面发挥着重要的统一作用。工业革命以来，互换、简化和统一等标准化理念奠定了大规模工业生产的基础，标准化管理进一步替代了经验管理。现代以来，以效率为核心的标准化生产经营方式，驱动着技术、设备、人员、资源从属于生产过程，呈现物化现象。随着世界进入全球化发展阶段，标准化进入全球规则时代，发挥着减少贸易壁垒、促进技术交流与合作和推进全球一体化等重要作用。因为社会影响因素的多元化和复杂化，标准化也已成为政府、社会、市场、企业、老百姓多元共治的重要手段，已经成为生产与消费、产业链之间的桥梁与纽带，通过标准化整合、联结生产过程与消费需求，传递信息、利益和价值，以标准塑造共识和信任。

从市场竞争角度来说，标准的背后往往隐含着特定的利益诉求。把握了标准的主导权就是把握了经济、技术、贸易的话语权。在国际贸易中，标准壁垒也成了国际贸易中非关税壁垒的重要手段。在企业参与市场竞争中，得标准者得天下已经成为共识，技术专利化、专利标准化、标准国际化已经成为企业高质量发展的重要路径。

二、标准的定义

（一）标准的界定

标准作为标准化的核心，其定义随着标准化的发展而演变。John Gailard 在 1934 年出版的《工业标准化原理与应用》一书中首次给出标准的定义，即“标准是对计量单位或基准、物体、动作、过程、方式、常用方法、容量、功能、性能、办法、配置、状态、义务权限、责任、行为、态度、概念或想法的某些特征，给出定义、作出规定和详细说明。它以语言、文件和图样等方式或利用模型、样本及其他具体表现方法，并在一定时期内适用”。

世界贸易组织（WTO）在《TBT 协定》中规定，“标准是被公认机构批准的、非强制性的、为了通用或反复使用的目的，为产品或其加工或生产方法提供规则、指南或特性的文件”。国际标准化组织（ISO）指出，“标准是由公认机构制定和批准的文件。它对活动或活动的结果规定了规则、导则或特性值，供共同和反复使用，以实现在预定领域内最佳秩序的效益”。该定义明确了制定标准的目的、基础、对象、本质和作用。

我国作为 ISO 的正式成员，修改采用了 ISO 对标准的定义。GB/T 20000.1—2014《标准化工作指南 第 1 部分：标准化和相关活动的通用术语》中对标准描述为“通过标准化活动，按照规定的程序经协商一致制定，为各种活动或其结果提供规则、指南或特性，供共同使用和重复使用的一种文件”。GB/T 20000.1 的附录 A 将标准定义为：为了在一定范围内获得最佳秩序，经协商一致制定并由公认机构批准，为各种活动或其结果提供规则、指南或特性，供共同使用和重复使用的一种文件。

（二）标准的特性

上述定义指出了标准的基本特性，不同之处在于对制定标准所要求的基础、程序、结果和效果等的描述。今时今日，标准的内涵应具备以下特性。

1. 标准的本质在于简化统一

人类活动及其结果的自由发展，必然造成概念、过程、结果的多样性，导致无序局面的出现，最终的结果是降低效率，阻碍交流与合作。因此，为了达到活动目的，就必须让多样性可控，舍弃不必要的技术路径或技术解决方案，引导活动有序发展，并产生我们希望的结果。正如《圣经》记载的巴比伦通天塔，在建造之初，由于大家语言统一并同心协力，建成的巴比伦高塔直插云霄，而当上帝变乱了人类的语言，那座塔于是半途而废。19 世纪 20 年代，美国企业家 Henry Ford 采用基于标准化原理，创造了福特汽车的连续生产流水线，将生产过程的时间和空间统一组织起来，极大地提高了生产效率，每辆 T 型汽车的组装效率提高了 4 000 多倍。

2. 标准的目的在于共同效益

最佳秩序的建立首先要对从事的“活动及其结果”确立规矩。标准的功能就是提供这些规矩，在众多的技术解决方案中，选出或重构适合的技术解决方案，对活动提供规则或指南，对活动的结果给出规则或特性。这些共同效益体现在提升产品的适用性、增进对活动及活动结果的相互理解、保障安全和环境等。标准化活动就是要通过最佳秩序的获得而促进人类的共同效益。

3. 标准的基础在于科学技术

标准产生的基础是“科学、技术和经验的综合成果”。标准是对实践经验的归纳、整理，是充分考虑最新技术并规范化的结果。因此标准是具有技术属性的文件，标准中的条款是技术条款，这一点是它区别于其他文件（如法律法规）的特征之一。

4. 标准的形成在于协商一致

标准的形成需要“按照规定的程序经协商一致制定”。标准产生于标准化活动，没有标准化活动就没有标准。而标准化活动形成的不仅仅是标准，还会有其他标准化文件，只有“按照规定的程序”并且达到了协商一致程度的文件才能称为标准。这里“规定的程序”指各标准化机构为了制定标准而规定的标准制定程序。所以说，履行了标准制定程序的全过程，并且达到了普遍同意的协商一致后形成的文件才称其为标准。

5. 标准的效果在于广泛使用

标准是一种“共同使用和重复使用”的文件。共同使用是从空间上界定的，指标准要具有一定的使用范围，如国际、国家和地方等范围。重复使用是从时间上界定的，即标准不应仅供一两次使用，它不但现在要用，将来还要经常使用。标准被广泛使用的特点也是促成专利与其融合的基本条件之一。

三、标准的类型

标准的类型对于标准与专利融合有着较大关系，譬如不同标准组织的专利政策不完全一样，不同技术属性的标准与专利类型的匹配也不一样。标准可以从多个维度划分为若干类型。如2018年实施的《中华人民共和国标准化法》重新构建了我国新型标准体系，将我国标准分为国家标准、行业标准、地方标准、团体标准、企业标准。根据标准化对象、目的和功能等特性的不同，也可分为不同类型。在核工业领域，专利融入标准过程中，需要厘清下列标准类型。

（一）国际标准

国际标准是指由国际标准组织发布的标准。国际标准发布后在世界范围内适用，作为世界各国贸易、交流和技术合作的基本准则。狭义上的国际标准都是国际三大标准组织制定发布的标准，即国际标准化组织（ISO）发布的ISO标准、国际电工委员会（IEC）发布IEC标准，国际电信联盟（ITU）发布ITU-T建议书和ITU-R建议书。广义上的国际标准，还包括ISO等认可的几十个组织发布的标准，诸如国际原子能机构（IAEA）、世界卫生组织（WHO）等发布的标准。而核工业的国际标准，是指ISO/TC85“核能、核技术与辐射防护技术委员会”和IEC/TC45“核仪器仪表技术委员会”制定的标准。

（二）政府主导制定的标准

我国标准总体上可分为两大类，即政府主导制定的标准、市场自主制定的标准。政府主导制定的标准包括国家标准、行业标准、地方标准，其中与核工业的相关的主要是前两者，地方标准很少。政府主导制定的标准是一种特殊的社会资源，具有准公共产品的属性。

1. 国家标准

国家标准是指由国家标准机构公开发布的标准，按照国家标准化管理委员会（简称国家标准委）规定的程序制定，发布后在全国范围内适用。我国的核工业国家标准（GB/T）由国家标准委管理，全国核能标准化技术委员会（SAC/TC58）、全国核仪器仪表标准化技术委员会（SAC/TC30）、全国核安全标准化技术委员会（SAC/TC589）开展国家标准的制定。其中，SAC/TC589 由生态环境部（国家核安全局）负责业务指导。此外，住房和城乡建设部也制定一些核工业工程建设国家标准。

2. 行业标准

行业标准是由国务院行业主管部门通过并公开发布的标准。行业标准通常按照国家标准委规定并参照国家标准制定程序而制定，发布后在行业范围内适用。我国的标准化法规定，对没有推荐性国家标准、需要在全国某个行业范围内统一的技术要求，可以制定行业标准。我国核工业相关的行业标准主要包括国家国防科技工业局发布的核行业标准、国家能源局发布的能源行业核电标准，分别通过下设的核行业标准化技术委员会、能源行业核电标准化技术委员会开展标准制定。

（三）市场自主制定的标准

市场自主制定的标准包括团体标准、企业标准。有别于政府主导制定的标准，市场自主制定的标准不是公共产品，因而，为标准与专利的融合带来了较大的灵活性。在我国新型标准体系下，国家鼓励团体标准和企业标准与科技创新深度融合，鼓励技术要求高于国家标准和行业标准，让先进技术以及优势产品可以脱颖而出，从而引领行业高质量发展。团体标准和企业标准在创新技术的运用方面，也为标准与专利融合提供了良好的土壤。

1. 团体标准

团体标准是指由依法成立的社会团体通过并公开发布的标准。团体标准是为满足市场和创新需要，协调相关市场主体，按照社会团体自身确立的制定程序，自主制定、发布、采纳，并由社会自愿采用的标准。据不完全统计，核工业目前开展团体标准制定的社会团体主要包括中国核学会、中国核能行业协会、中国同位素与辐射行业协会、中国电力促进会核能分会等。

2. 企业标准

企业标准是由企业通过并公开发布的标准。企业标准是在企业范围内需要协调、统一的技术要求、管理要求和工作要求，是企业组织生产、经营活动的依据。国家鼓励企业自行制定严于国家标准或者行业标准的企业标准。企业标准由企业自主制定。

（四）按对象和功能划分的主要标准类型

标准化对象是某标准化领域内“需要标准化的主题”。从标准化对象这一维度对标准进行分类，可以将标准划分成产品标准、过程标准、服务标准。其中，产品标准是指规定产品（设计、工艺、设备、设施服务）需要满足的要求以保证其适用性的标准，标准中规定的内容为产品应满足的要求，可以细分为原材料标准、零部件或元器件标准、制成品标准或系统标准等。过程标准是指规定过程应满足的要求以保证其适用性的标准。服务标准是指规定服务应满足的要求以保证其适用性的标准。可融入专利的标准主要是产品标准和过程标准。

按照编制标准的目的，可以将标准分为基础标准和技术标准等。其中，技术标准是指以保证可用性、互换性、兼容性、相互配合或品种控制为目的制定，规定标准化对象需要满足的技术要求的标准。广泛的技术标准通常包括基础标准、产品标准、试验标准、安全标准、卫生标准和环境标准等。技术标准通常对专利的融合具有一定的必然性和可行性。

本文后续章节所述“标准”如无特指，通常指技术标准。

第二节　专利的基本概念

一、专利的意义

专利是技术发展的产物，早在公元前 500 年，一种烹饪方法即被授权独占权。专利一词来源于拉丁语 Litterae Patentes，意为公开的信件或公共文献，是中世纪的君主用来颁布某种特权的证明。专利在促进科技创新发展过程中，从早期的封建君主特权向保护私权转变，美国在独立战争之后，将知识产权条款加入宪法中，并大力实施专利制度，带动了全球专利权保护制度的建立。专利保护了创新者技术方案的独占性，提升了市场竞争优势，带动企业市场估值，增加创新主体无形资产份额等诸多好处，进一步促进了专利与标准、制度、法律法规的融合。

（一）专利是推动技术创新的有效途径

专利文献是创新活动的重要载体，专利文献的研究与分析能够有效促进创新。英国知识产权局在 2021 年发布了针对核能产业发展现状的专利文献研究（见图 1-1）。这一研究与英国政府的绿色工业革命十大计划中涵盖的技

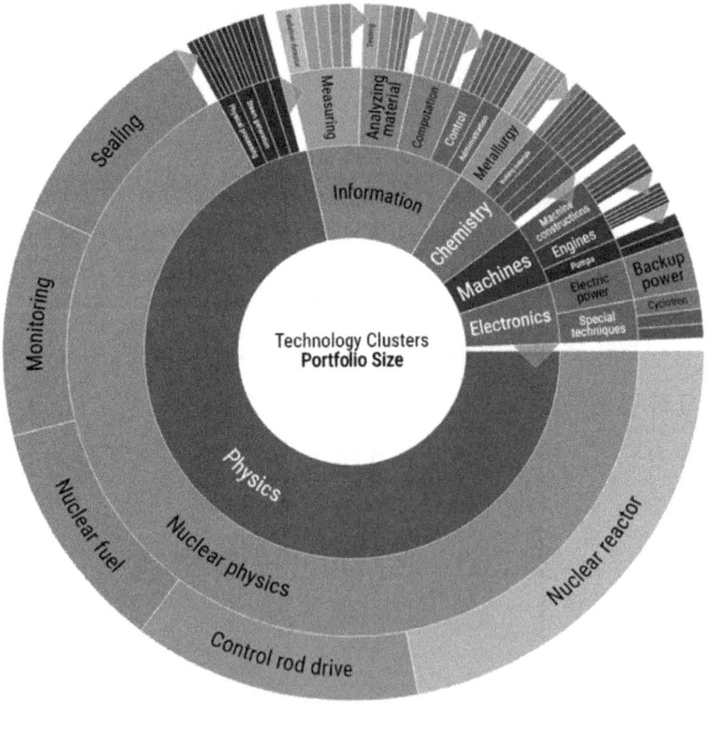

图 1-1　全球核能相关专利技术领域分布

术有关。该报告分析了与先进核电技术相关的全球专利格局，从全球专利年代分布、专利布局地域、专利主要申请人、专利布局技术领域和专利创新指数等角度全景揭示了全球核电技术专利发展热点与趋势，为核电未来创新发展路径提供重要论证依据。

（二）专利是促进产业发展的重要保障

20 世纪早期，空冷贝氏体钢为从汽车零件到建筑机械等各种应用中最受欢迎的钢之一。然而，由于成本高昂，空冷贝氏体钢对许多新兴经济体来说遥不可及。直到 20 世纪 70 年代末，中国清华大学的方鸿生等人发明了不同类型的锰系空冷贝氏体钢，使其保留理想的性能时，更具成本效益。该创新技术的成功研制，促使教育部授权方鸿生教授和他的研究小组于 1990 年在清华大学成立了贝氏体钢研究与推广中心（贝钢中心）。

伴随中国专利法颁布和清华专利事务所成立，方鸿生教授及其团队提交了清华大学第一批专利申请——低碳空冷粒状贝氏体钢（CN85100080A），并在随后的研发中持续开展系列专利申请，利用专利制度将产品推向国外获得国际竞争优势，向美国、新西兰和澳大利亚等国布局多项专利。

近年来，贝钢中心在国家“973”“863”项目支持下，得到更高速和更大范围的发展，由科技部在全国推广该技术，推动了整个产业发展，产品出口阿根廷、澳大利亚等海外国家，打造“中国制造”品牌。目前，锰系贝氏体钢被用于汽车、建筑和石油工业、铁路运输等行业，清华大学和方鸿生教授等研发人员也从最初的发明创造中获益匪浅，持续推进了整个产业的创新。

（三）专利是企业商业模式的核心关键

日本蓝色能源公司成立于 1975 年，致力于为当地工业、替代能源和材料回收提供咨询服务，目前处于氢生产的最前沿。

2002 年，日本蓝色能源公司将德国能够生产大量氢气的气化技术与其在当地工业和材料回收方面的专业知识相结合，构建植根于当地社区的可持续氢价值链，将无法回收的废物就地转化为氢燃料。在这一愿景下，2002年，日本蓝色能源公司获得德国技术使用权，开展技术创新，着手改进气化工艺。一方面，日本蓝色能源公司迅速在日本和海外申请了一系列专利来保护自己的知识产权，并注重从德国公司购买相关技术专利，以加强其知识产权保护；另一方面，其充分利用 PCT 专利制度，在获得德国公司有机材料气化技术专利权后，积极开展相关技术研发，并利用专利 12 个月优先权优势，提交 PCT 专利，向中国、美国、俄罗斯和欧洲等 21 个国家或地区开展同族专利申请；注重技术持续创新的成果保护，开展核心专利技术和外围专利技术，保护了技术创新发展。

专利是日本蓝色能源公司商业的核心，构建了成功的知识产权许可商业模式，与美国合资企业分享他们的技术，以构建面向回收的氢社会。

二、专利的定义

（一）专利概念

在全球经济一体化的大背景下，知识产权对技术创新创造的引领作用，对市场占领、保护作用愈发凸显。专利作为知识产权中的一种，代表了最新的技术方案，促进了科技创新；通过法律规定授权发明人/创新主体有限时间的专有权，便于发明人/创新主体收回研发成本和投资，促进新发明商业化和市场化，进而实现服务经济发展，增进社会福祉的目标，因此，专利在技术、法律、经济三个方面发挥着重要作用。

随着专利技术普及大众，人们在提到专利时，往往会涉及专利权、专利技术和专利文献三层含义。专利权指国家依法在一定时期内授权发明创造者或其权利继受者某项发明创造的独占权或控制权；专利技术指已经获得专利权的发明创造技术方案；专利文献指记录发明人在一定时期内对一项发明所具有的制造、使用和销售独占权的官方文件。

（二）专利特点

专利是一种无形财产，具有时间性、地域性、独占性的特点。

时间性是指专利权仅在规定时间内有效，受到时效的限制。例如，我国发明专利保护期限是 20 年，从申请日起至 20 年后，专利权人所享有的专利权便自动丧失，不能像商标一样续展。专利权的有效保护期结束后，发明创造成为社会公有的财富，其他人便可以自由地使用该发明来创造产品，该特点与公开换取保护特权一样，旨在促进社会技术进步。目前，各国对专利保护期限长短规定不一。

地域性是指专利权仅在法律规定的领土范围内有效，受地域空间的限制。例如，仅在中国政府申请获得授权的专利，只在中国大陆辖区范围内有效，而对其他国家不具有法律约束力，其他国家不承担任何保护义务。但若依据保护知识产权的国际条约、双边协定，或同一发明创造同时在多个国家申请专利，并获得授权，则可以在多个国家获得法律保护。

独占性也称垄断性或专有性或排他性，专利权是由政府主管部门根据发明人或申请人的申请，认为其发明创造符合专利法规定的条件，而授予申请人或其合法受让人的一种专有权，它专属权利人所有，任何人未经允许，不得为商业目的实施其发明创造。其能够保障专利权人在市场竞争中占有绝对优势。

三、专利的类型

专利偏重于技术独占性，标准侧重于推动产业发展，但两者均是促进科技创新的产物。专利可以从多个维度划分为若干类型。按照权利地域范围可以划分为国际专利和国内专利，其中国内专利可以进一步划分为普通专利和国防专利。依据发明创造授予专利权的保护客体和科技创新程度，又可将专利划分为发明专利、实用新型专利和外观设计专利等类型。

（一）按照权利地域范围划分

1. 国际专利

1883 年 3 月，法国和巴西等国家代表在巴黎签订了《保护工业产权巴黎公约》（Paris Convention for the Protection of Industrial Property），简称《巴黎公约》。《巴黎公约》确定了国民待遇、优先权原则和独立保护原则，保护的对象是工业产权，保护的目的是保证一成员国的工业产权在所有其他成员国都得到保护。

1970 年，多个国家在华盛顿签署了《专利合作条约》（Patent Cooperation Treaty，PCT 公约），成为国际专利制度发展史上的又一个里程碑。通过该条约，申请人只要提交一件国际专利申请，即可在为数众多的国家中的每一个国家同时要求对发明创造进行专利保护。

2. 国内专利

国内专利包括普通专利和国防专利。普通专利指创新主体在本国知识产权局申请专利，或通过 PCT 途径进入国内的专利，其权利保护范围仅限定在受理国，保护客体和保护期限由受理国法律约束。国防专利是指涉及国防利益以及对国防建设具有潜在重要作用需要保密的发明专利。在确保国家秘密的同时，促进发明创造的推广应用，英国、美国和中国等国家建立了国防专利制度，我国国防专利保护客体为产品和方法，保护期限为 20 年。国防专利一般与国家军用标准相融合。

（二）按照保护客体和科技创新程度划分

1. 发明专利

发明专利一般是指对产品、方法或者其改进所提出的新的技术方案。该类型专利对技术方案的新颖性、创造性要求较高，中国、美国、日本、韩国、德国和法国等国发明专利最长保护期限为 20 年。

2. 实用新型专利

实用新型专利是指对产品的形状、构造或者其结合所提出的适于实用的新的技术方案。外观设计，是指对产品的整体或者局部的形状、图案或者两者结合以及色彩与形状、图案的结合所作出的富有美感并适于工业应用的新设计。

实用新型专利保护客体一般为产品，但各国法律规定略有差异，部分国家不单独设定实用新型专利，保护期限也不尽相同，如表 1-1 所示。

表 1-1　主要国家实用新型专利保护客体和最长保护期限

	保护客体	最长保护期限
中国	产品的形状、构造	10 年
日本	物品形状、结构或者组合	10 年
韩国	产品的形状、构造或者其结合	10 年
德国	产品	10 年
法国	产品	6 年

3. 外观设计专利

外观设计，是指对产品的整体或者局部的形状、图案或者其结合以及色彩与形状、图案的结合所作出的富有美感并适于工业应用的新设计。外观设计专利与发明专利、实用新型专利不同，其保护的是针对产品的外观设计，而非技术方案。各国外观设计专利的保护客体和最长保护期限如表 1-2 所示。

表 1-2　主要国家外观设计专利保护客体和最长保护期限

	保护客体	最长保护期限
中国	产品的形状、图案、色彩	15 年
美国	产品的装饰性、新颖性	15 年
日本	产品的形状、图案或者其结合以及色彩与形状、图案的结合	25 年
韩国	产品形状、图案、颜色	20 年
德国	产品或零部件设计	25 年
法国	产品线条、轮廓、色彩、形状、质地和/或产品本身材料形成外观	50 年

第三节 标准与专利融合

一、标准与专利融合的必然性

传统意义上，标准和专利具有一定的对立性。标准服务于所有利益相关方，追求普适性，强调在产业领域内广泛推广和应用，目的是保证产品的统一性、互换性和通用性，降低行业整体成本，提高效率。专利用于保护技术创新，属于私有范畴，保证有偿使用，未经许可不得推广使用。

标准和专利虽然具有不同的属性，但两者存在着天然联系和融合的必要性。首先，技术标准与专利本质上都是以技术方案为基础的文件，客体都是方法知识，具有先进技术性的专利可以成为技术标准的重要支撑。其次，两者都是通过增加社会有用信息的总量而提高社会总体福利水平，标准通过统一技术要求，从而提高生产效率、降低生产成本、提升产品品质，并最终增进社会福利。专利鼓励更多的人投入到发明创造活动中来，进而增加社会有用信息的总量。最后，从发展的角度看，鉴于标准对市场影响力的不断提升以及专利在科学技术发展中的重要性，两者的融合是社会科学技术、经济活动发展的必然趋势，特别是在竞争激烈的产业几乎无可避免。

（一）标准与专利融合可以推动技术创新发展

专利和标准都具有鼓励技术创新、促进技术应用、推动经济社会的发展的共同目标，二者融合可以弥补彼此的天然缺陷，更好地促进创新发展。专利制度使技术创新能建立在可靠保护基础上，激励创新主体不断积极主动地进行创新，形成自主知识产权。正如美国前总统林肯所说，“专利制度就是给天才之火添加利益之油”。技术标准的“制定—实施—修订”过程，恰是科技的“创新—应用—再创新”的过程，但往往滞后于新技术的发展。当专利以标准的形式加以固化后，专利就能借助标准广泛应用的特性，实现技术创新成果的快速扩散推广，从而扩展专利的使用范围，促进创新成果向现实生产力转化，使专利持有人可以得到更多的市场回报。根据约瑟夫·熊彼特的创新周期理论，当创新成果形成标准以后，标准降低了产品的差异程度，市场竞争更加激烈，又会促使企业进行再投入创新。

（二）标准与专利融合可以提升企业竞争力

产业竞争是推动标准与专利融合的重要原因。标准是高层次的专利战略，企业通过技术专利化、专利标准化，可以迅速推广自身技术，抢占市场份额，以专利许可的方式从标准实施者处获得更多的许可费，从而获得更大的市场利益。

首先，标准与专利的融合能够使专利突破空间的限制。标准是专利技术实现产业化的桥梁。按照“统一、简化、协调、选优”的标准化基本原则，一项专利如果能够成为标准的必要技术，就会给市场发出一个信息，该技术将会在未来成为主导技术，从而这种技术就会迅速达到临界容量，获取绝对的市场份额。

其次，标准与专利的融合能够使专利突破时间的限制。将某项专利纳入标准中，能够借用标准的稳定性延长该项专利的使用寿命，即使发生技术的更新换代，标准进行修订，也不会使专利权消失殆尽。因为技术的更新换代一般是在原有技术基础上进行开发，具有兼容性。

最后，标准与专利的融合有助于专利价值的最大化。标准作为一种公权力，其约束力虽然不如法律那般具有强制性，但其是市场准入的隐形门槛，能对标准实施者产生约束力，如同“无形之手”将不达标的产品排除于市场认可之外，政府主导制定的标准尤其如此。

（三）标准与专利融合可以相互促进

从功能实现的角度来看，专利和标准均致力于解决相关领域的实际问题，标准可以借助专利提高水平和质量。专利除了被狭义地理解为专利权外，本质上是具有新颖性、创造性和实用性的技术方案。标准和专利融合，可以有效地提高标准的水平和质量。标准作为生产实践经验的总结，其内容反映的往往是成熟的技术要求，其制定通常会滞后于技术的发展。随着高科技的迅猛发展，技术更新周期越来越短，标准中吸纳一定的专利技术，使标准突破了原来的普通技术规范，克服本身存在的滞后性，增强标准本身的先进性。

从追求价值的角度来看，除了前文所述的专利可借助于标准实现市场价值最大化之外，从而被广泛接受和实施。标准是提高专利转化利用率的重要手段。目前，很多专利技术在实质上都不能获得真正的利用，社会公众不能从技术进步中获得真正的好处。据有关方面统计，中国科技成果转化率只有15%左右，技术进步对经济增长的贡献率只有29%，远低于发达国家60%～80%的水平。调查显示，发明专利以自行实施为主，转让、许可他人实施为辅。已经实施的专利中，转让或许可实施的仅占19.2%。这对专利权人、专利潜在使用人、社会大众都是一种损失。为提高专利使用转化率，专利亟须借助标准对技术创新成果的快速扩散能力，扩大其影响力，扩展专利的授权许可范围。

（四）标准与专利融合可以助力国际竞争

严格地域性是知识产权的特点之一。一项创新成果需多国申请专利才能更好获得知识产权保护，并且保护水平仍存在着国别差异。国际标准则不存在明显的地域限制。产生于一国的技术标准只要被其他国家采用，就可以跨地域适用。而国际标准更是因为世界贸易组织 WTO/TBT 协议规定而被几乎强制性地推广于所有的 WTO 成员。

二、标准与专利融合的方式

（一）标准必要专利

随着专利融入标准，包含专利的技术就构成了标准不可替代的技术方案，由此产生了标准必要专利（standard essential patents，SEP）。对于标准必要专利，国家标准委、国家知识产权局于 2013 年发布的《国家标准涉及专利的管理规定（暂行）》第四条规定，“国家标准中涉及的专利应当是必要专利，即实施该项标准必不可少的专利”。严格意义上来说，该定义并非准确。因为，在实施标准过程中一般只涉及专利本身包含的一项或几项权利要求，并不覆盖某项专利的全部保护范围，即实施标准必不可少的权利要求是“必要权利要求”，同一专利中的其他权利要求则是“非必要的”。所以更准确的表述应该是通过定义“必要权利要求”进而界定“必要专利”。

2014 年发布的国家标准 GB/T 20003.1—2014《标准制定的特殊程序 第 1 部分：涉及专利的标准》中定义，“必要权利要求（essential claim）是实施标准时某一专利中不可避免地被侵犯的权利要求，必要专利（essential patent）是包含至少一项必要权利要求的专利”。中国标准化协会、中国专利保护协会 2019 年共同发布的团体标准 T/CAS 2.1—2019《团体标准涉及专利处置指南》改写“必要权利要求”的定义为，“专利中保护范围与标准的全部或所包含的某一技术方案相一致的权利要求，实施该标准时，不可避免需要使用该权利要求”。上述“必要权利要求”定义虽短，但是包含了三个关键词来对概念加以限定：

——保护范围：必须在专利权法律效力所涉及的发明创造的范围。

——技术方案：必要权利要求针对的是标准中的技术内容，与要生产的产品或要使用的方法有直接的联系。

——不可避免：无法在不侵犯该专利权利要求的情况下实施标准并达到相类似的技术效果。在技术上根本不存在其他可以替代的技术或可能存在替代方案，但在商业中因种种原因实施的可能性很小。

（二）标准必要专利的表现形式

前文从标准和专利的技术属性叙述了两者融合的可行性。但从法律角度来看，标准具有一定的公共物品属性，如同免费通行的国道，而专利具有鲜明的私人权利属性，如同交费才能通行的道路，以至于涉及专利的标准成了公共利益和私人权利的“对冲区”。其中，公共利益是生产商和消费者等广大标准使用者的多数人利益，私人权利则是指特定的专利权人利益。对此，需要在制度层面采取合理措施，来协调所涉公共利益与私人权利之间的冲突，在促进标准的顺利制定和广泛实施的同时，保障专利权人的合法权益。

专利和标准的结合通常并不存在绝对的技术矛盾。但标准与专利的融合需要经过一定的评估和协商，确定融合的方式、范围和利益分配等。同时，需要建立合理的融合机制和流程，确保标准的实施和专利的保护。企业通常在新技术还未实现产业化的阶段，就提前在一些基本原理和关键技术解决方案等方面布局专利，进而争取标准必要专利。标准必要专利通常有三种表现形式：

——标准的部分技术要素涉及产品或者方法的全部特征，并且与一项或多项专利的技术方案的技术特征重叠。例如，设计制造的方法、某新产品制作的工艺流程。这时标准的字面内容成为一个新的、完整的技术方案。

——标准的部分技术要素涉及产品的某些特征，而专利是产品的全部技术特征或者是实现这些特征的技术手段。此种融合形式典型体现在通信和计算机技术等领域，如 CDMA 标准、5G 技术标准等。

——标准所规定的内容是产品的指标要求或功能要求，而专利是实现标准的具体的完整技术方案。虽然这类技术要素所记载的内容从字面上看不出与专利权的权利要求相重叠，但是专利技术却是该技术标准的实现途径和技术支撑。例如，2002 年欧盟出台的技术法规（即强制性标准）规定价格在 2 欧元以下的打火机必须安装防止儿童开启的“安全锁”，否则不许进入欧洲市场。“安装防止儿童开启的安全锁”是一项功能要求，但是实现该功能就必须使用到关于安全锁装置的专利技术。

三、标准与专利融合的趋势

标准和专利的融合是社会科学技术、经济活动发展的必然结果，可以推动技术进步和产业化，可以获得市场竞争优势和巨大经济利益，得到了各行各业和世界各国的重视，也对企业竞争具有积极作用。20 世纪末以来，世界各国标准化战略的实施和知识产权产业的崛起，推动并加速了二者的结合，纷纷将标准必要专利问题纳入国家“知识产权推进”“创新战略”等国家级政策文件中。尤其是随着各种新兴技术领域快速发展，许多科技创新成果成为所在领域必不可少的技术支撑。例如在通信等领域，龙头企业凭借的市场占有率和技术权威性优势，使得技术标准无法排斥专利技术，其他生产相同或近似产品的企业不得不使用包含其专利的技术进行生产。在互联网领域，早期的技术发展是开放合作的，但是要建立互联网领域的技术标准，很难绕开软件技术、电信技术等相关领域的专利技术，所以万维网联盟（World Wide Web Consortium）等互联网标准组织陆续调整政策，重新修订知识产权政策，允许将专利技术纳入互联网领域的技术标准。

今天，工业领域的竞争核心在于标准之争，在于标准必要专利之争。标准必要专利的竞争也愈发激烈，在标准必要专利的争诉中，对标准必要专利的许可条件及救济措施认定，无不体现着专利权人与标准实施者的博弈，法院的裁决结果更是决定了双方在谈判中的地位和制胜先机。从另一个角度，可以认定为标准必要专利相关政策的制定决定了话语权和主动权。

（一）国外情况

美、英、法和日等发达国家政府在 21 世纪初制定和实施了以技术专利化、专利标准化、标准国际化为核心之一的国家标准化战略，采取各种鼓励和推动措施，通过整合各种资源，发挥政府、企业、科研机构、行业协会的力量，推动专利融入各类标准。主要发达国家标准化战略的实施进一步巩固和扩大了其在国际竞争中的优势，利用专利和标准的主导地位加强了垄断。就目前而言，世界各国已就新兴领域和重点领域的知识产权与技术标准布局展开了角逐，以期抢占未来创新发展的制高点。

1. 欧盟

欧盟对标准与专利融合政策的重视程度很高，其主要政策是通过制定一系列指导方针和建议，促进标准与专利融合的实践和发展。为提升欧盟竞争力，保持欧盟在创新方面的竞争优势。2017 年，欧盟委员会公开关于标准必要专利诉讼和许可的指导性文件《欧盟委员会向欧洲议会、欧盟理事会和欧洲经济社会委员会制定关于标准必要专利的欧盟方法的通报》（简称《欧盟方法》），旨在对标准必要专利存在的问题提出改善建议。2022 年，欧盟委员会发布“关于知识产权——标准必要专利新框架”的意见征询通知。本次意见征询是继 2021 年通过的《欧盟委员会知识产权行动计划》后又一项针对 SEP 立法倡议前的准备研究基础，意见征询结果将会与欧洲法院关于 SEP 的判例等纳入影响评估，同时与欧盟正在进行的“审查横向合作指南”和“标准化战略”等倡议保持一致，并在此基础上制定立法倡议，以加强欧盟的专利制度，促进欧盟的绿色和数字化转型。2023 年，欧盟委员会在其官网正式公布《关于标准必要专利及修改条例的提案》（“Proposal for a Regulation of the European Parliament and of the Council on Standard Essential Patents and Amending Regulation（EU）2017/1001”）。根据欧盟立法，欧洲议会和部长理事会下一步同意后正式生效。

从上述出台的文件可以看出，欧盟一直高度重视 SEP 相关问题，已围绕 SEP 许可相关问题开展了多年研究，旨在促进欧盟新兴产业的发展，兼顾中小企业的利益平衡。欧盟委员会认为标准必要专利主要存在透明度和可预测性不足，对公平、合理、非歧视（FRAND 原则）条款和施行条件的不确定性以及专利领域执法成本高和效率低等问题，其中影响 SEP 持有者和

SEP 实施者的主要问题是：低效许可，包括“专利劫持（hold-up）”“专利反向劫持（hold-out）”和“挑选法院（forum shopping）”等。这些问题可能会减缓创新步伐，阻碍关键技术的突破，并抑制欧盟初创企业和中小企业规模的扩张。

为解决这些问题，欧盟主要从专利信息披露和专利许可两方面入手，主要关注如何提高 SEP 透明度、明确 FRAND 条款、如何提高执法效率及有效性等问题。欧盟委员会对 SEP 的立法导向：1）在 SEP 透明度方面，欧盟委员会呼吁各标准组织确保其数据库提供 SEP 的最新的详细信息，以便于公众查询。除此之外，此次欧盟委员会还希望考虑引入第三方机构来评估 SEP 的标准必要性。2）在 FRAND 条款方面，欧盟委员会正在考虑制定“澄清 FRAND 概念的指导原则”“基于 FRAND 原则的许可谈判指南”“价值链中许可级别指南”，以进一步明确 FRAND 条款。3）在提高执法效率和有效性方面，欧盟委员会计划为调解、和解和仲裁提供进一步的激励措施，以确保标准制定过程中知识产权的合理。

欧盟正在完善标准专利价值评估体系。一是，明确许可规则引导，对标准必要专利披露透明度、FRAND 许可原则、许可环境、标准与开源等问题进行了澄清。二是，提高标准必要专利透明度，增强实施者对许可环境的可预测性。欧盟于 2018 年成立标准必要专利许可和评估专家组，促进标准必要专利许可和评估领域的经验交流，并为欧盟提供与标准必要专利相关的经济、法律、技术专业知识，帮助欧盟开展许可市场监督，收集许可和评估的实践信息。欧盟于 2020 年公布的《知识产权行动计划》中明确表示，希望建立标准必要专利信息分享机制，利用人工智能和大数据等技术建立数据分享平台，分享标准必要专利许可相关信息。

欧盟通过专家组模式汇聚各方利益诉求、搭建产业沟通平台。欧盟于 2018 成立标准专利许可和评估专家组，帮助欧盟开展许可市场监督，收集许可和评估的实践信息。随后日本经济产业省也于 2021 年成立工作组研究标准必要专利许可问题，探索“标准必要专利许可的理想交易环境”。上述两个专家组的成员基本囊括大学教授、法官、研究机构、律所和重点企业等多层次、多领域产业主体，主要工作目标包括：第一，通过汇聚经济、法律和技术专家资源，厘清行业实践与发展中面临的知识产权前沿、难点问题，为政府提供决策咨询。第二，为产业主体提供沟通平台，就标准专利许可和评估实践中遇到的关键问题进行探讨，协调产业主体之间的利益诉求，凝聚行业共识。本次出台的报告是专家组数年研讨后出台的阶段性成果，对其他国家处置标准专利相关问题提供了重要参考。

欧盟提出垂直行业许可费计算新思路。通信等标准专利许可将更多地呈现出跨行业、跨技术领域许可的特点，类似汽车与通信行业的纠纷在垂直行业只会更普遍与激烈，垂直行业从发展之初可能就将背负沉重的诉讼负担。所以此次专家组希望能弱化标准必要专利纠纷的长期僵持对于产业发展带来的弊端，在垂直行业发展之初即确定许可层级和许可费计算额度。如针对产业界关心的问题：对所有人都许可（License to all）还是对所有人都可使用（Access to all），专家组针对性地提供了许可费中立新思路，即无论是选择供应商还是终端产品制造商作为收费对象，许可费数额应大致相同。

欧盟致力于提高许可协商和争议解决效率。欧盟法院对专利权人和实施者的许可谈判行为进行规范，但许可实践中利益相关方仍希望能对许可协商过程进行优化：第一，促进谈判信息的交换，对双方之间交换许可信息的行为提出具体要求或建立专门的档案室以存贮标准必要专利许可协议。第二，许可双方应更加积极地促成谈判，当专利权人主动向标准组织披露专利必要性和许可条款信息时，实施者应该更加积极地寻求许可，否则将支付更加高额的许可费。第三，谈判双方都不应无故拖延谈判进程，法院在未颁发禁令的情况下应要求恶意实施者支付罚金，对于恶意专利权人则应降低其许可费额度。第四，明确禁令颁布标准，若专利权人提供了 FRAND 报价但是实施者无明确理由拒绝接受则应对该实施者颁发禁令。第五，独立机构的意见可作为法院判决参考，法院可以要求诉讼双方将争议问题提交独立机构进行审议，虽然审议结果并不具备法律约束力，但是可以作为法院审判的重要参考。

欧盟优化专利池许可。专利池许可对于减低总体许可费率，促进专利许可有着积极的作用。第一，标准组织在标准制定过程中推进专利池的组建，欧盟可要求欧洲标准组织进行专利池的培育。第二，成立集体许可机构，在专利池构建完成前实施者可以通过集体许可机构获得所有欧盟标准的许可，所涉及的标准中至少包括两名专利权人。第三，鼓励一个专利池中涉及多项标准，鼓励专利权人就某一项技术或功能中涉及的多项标准组建一个专利池进行许可。

2. 美国

美国一直以来很重视科技知识的经济投入，重视培养民众的知识产权保护意识。美国政府积极完善法律制度，充分发挥知识产权在国家科技防御中的重要性。按照时间线，美国主要出台了如下政策。

2011 年，美国联邦贸易委员会发布名为《演变中的知识产权市场：专利声明与救济和竞争的协调》的报告。报告对专利制度面临的问题和挑战进行了回应，提出了一整套关于专利制度改革的思路和对策建议，其中涉及对 FRAND 许可费率计算方法。报告指出，解决标准必要专利（SEP）许可纠纷要从改善专利制度的救济手段入手：一是摒弃传统“一刀切”式的禁令制度；二是要建立以技术贡献为导向的损害赔偿计算规则。报告建议，可将假想交涉协商法作为计算 FRAND 许可费率的最佳方法，在计算 FRAND 许可费率过程中，要考虑到如下事项：一是理论上假想许可费的金额不应该超过最优可替代技术方案的增量价值，这一增量价值是许可费支付上限；二是由于专利劫持行为的存在，需要在许可费中剔除掉劫持行为带给专利权人的超额价值，假想交涉协商的时间点应设定在实施方的生产初期，也即未发生沉没成本之际。

2013 年，美国司法部（DOJ）、美国专利商标局（USPTO）联合发布政策声明，内容涉及对 SEP 的救济措施。声明指出，虽然某些情况下，针对SEP的排他性救济措施可能与公共利益相抵触，但在潜在的被许可人坚决拒绝参与确定 FRAND 条款的谈判等情况下，可使用排他性救济措施。该声明的背景是，SEP 权利人实施专利劫持的问题越发严重，即 SEP 权利人利用其优势地位（其技术一旦被纳入标准中，则实施人不得不实施），向实施人提出不合理的法外要求。因此，该声明建议法院在 SEP 纠纷案件中，主要以损害赔偿救济为主。

2019 年，DOJ、USPTO、美国国家标准技术研究院（NIST）联合发表声明，撤回上述 2013 年的共同声明。新的声明指出，在特定的专利案件中可能适用的救济措施，包括禁令救济、合理的特许权使用费、利润的损失、故意侵权的增加赔偿以及美国国际贸易委员会发布的排除令等，在涉及 SEP 的专利诉讼中同样适用。声明还指出，专利权人做出的特定FRAND 承诺、标准组织的知识产权政策、专利权人与使用者之间的许可谈判的个别情况，都可能与 SEP 救济措施有关，具体取决于每个案例的情况。另外，法院以及其他相关的中立决策者应继续根据一般法律，为违反 SEP 的侵权行为确定救济措施，这些专利必须服从 FRAND 许可承诺。考虑到现有的救济措施，平衡的、以事实为基础的分析，将有助于保持竞争和鼓励创新，使双方继续参与自愿的、以共识为基础的、制定标准的活动。

2021 年，“促进美国经济竞争的行政令”要求美国反垄断负责机构加大反垄断的执法力度，与 SEP 相关的反垄断问题也被重点提及。2021 年 12 月，DOJ、USPTO、NIST 联合发布《关于受 FRAND 承诺约束的 SEP 许可谈判和补救措施的政策声明草案》，对 2019 年的 SEP 政策声明作出修订。整体上看，新版政策草案对 SEP 禁令救济采取了更温和、审慎的立场，由此也触发了偏 SEP 实施人的实体企业阵营和老牌专利权人/NPE 阵营的旗帜鲜明的两种表态。支持者主要来自实体企业（佳能和索尼等日企，苹果、亚马逊、惠普、思科和等美企）和中小型企业联盟及行业协会等，其中，汽车行业观点高度一致，车企及其供应商全部支持新政（包括美国/欧洲/日本的汽车协会以及本田、特斯拉和福特等车厂及供应商）；反对者以老牌专利权人为主，包括高通、爱立信和诺基亚等，而危害美国国家安全几乎无一例外地成为反对者的理由。

3. 英国

创新战略制定了政府实现创新驱动增长的长期计划，其主要目标是促进整个英国的私营部门投资。知识产权是实现其雄心壮志的关键。而随着商业的日益全球化、新技术的出现以及互操作性的需要，标准的重要性日益增强。作为英国创新战略的举措之一，2021 年 12 月，英国知识产权局发布《标准必要专利与创新（征求意见稿）》，面向全球征集反馈意见。该文件拟就构建平衡的 SEP 生态系统进行评估，以便决策是否需英国政府介入进行干预，为英国制定最佳的知识产权框架，促进创新，支持政府在创新战略和多元化战略中的雄心。该文件从如何看待 SEP 与创新及竞争的关系、竞争和市场机制如何在 SEP 生态中发挥作用、如何实现 SEP 的透明化以及如何构建 SEP 许可和诉讼的机制等四个部分展开，主要涉及 SEP 生态系统、SEP 市场力量、竞争法框架与 SEP 协议之间关系、如何鼓励 SEP 竞争与创新、SEP 声明的透明度、引入第三方独立审查机构的必要性、SEP 侵权禁令、SEP 许可、SEP 专利池等主题，力图较为全面地探索对 SEP 治理规则的框架。值得注意的是，本次英国还就“SEP 地域”相关问题进行征询。

相比于美国、欧盟和日本，英国在标准必要专利生态中更多是处于消费者地位（既无 SEP 专利权人，又无涉 SEP 产品制造商），但即便如此，英国行政部门也期待在标准必要专利的全球治理规制定中占据主动地位，建立自己的话语权。

4. 日本

日本作为技术先进的国家，对标准与专利融合政策的重视程度也很高。总体来说，日本对标准与专利融合的主要政策是通过制定一系列指南和建议，促进标准与专利融合的实践和发展，同时鼓励知识产权持有人以公平、合理和非歧视的方式授权其专利，促进技术创新和市场竞争。除日本专利局发布的《标准必要性判定意见指引》《标准必要专利许可谈判指南》外，经济产业省也积极出台《多组件产品标准必要专利的合理价值计算指南》《标准必要专利许可环境中期研究报告》《标准必要专利许可的善意谈判指南》等多份政策，打造标准必要专利治理的全政府模式。另外，日本从标准必要专利规则跟随者向规则引领者转变，如早期日本专利局出台的指南中仅对国内外执法、司法案例、许可实践等内容进行简单总结，并未阐述主要观点，但是经济产业省近年出台的指南中不仅明确了“向所有人许可”的日本汽车产业核心诉求，还通过政府指导的方式细化善意谈判的具体步骤，让日本企业在许可谈判中发挥更大作用。虽然上述指南并不存在法律效力，但是其核心立场对其他国家的立法和司法的走向将产生较大影响。

日本专利厅发布的《涉及标准必要专利的许可谈判指南》主要是用于帮助国际与日本国内有关各方能够公平合理地安排那些与 SEP 有关的技术转让工作。在许可谈判程序部分列出了包括专利权人提出要约、专利实施者接受要约、专利权人出价、专利实施者还价以及纠纷解决这五个步骤的谈判过程，同时确定了能够推进许可谈判顺利进行的七个关键因素。

日本经济产业省发布的《标准必要专利的诚信许可谈判指南》旨在提高 SEP 许可的可预测性和透明度，明确了专利权人和实施者的具体谈判义务，为相关产业主体构建可预期的许可环境。《标准必要专利许可的善意谈判指南》提供了基于 FRAND 承诺的许可谈判框架，包含“许可邀约”“表达愿意遵照 FRAND 条款签订许可合同的意愿”“具体条款建议”“反要约建议”四个主要步骤，适用于 SEP 持有人与 SEP 实施者之间的“双边谈判”。由于该《指南》不具备法律效力，所以《指南》中列举的流程并未强制专利权人和实施者遵照执行。《指南》不适用于专利池谈判（若专利池自身拥有专利除外），但是推荐专利池经营方尽量提供更多的谈判信息以提高许可谈判透明度。另外，如果实施者表示愿意接受 FRAND 许可，则专利权人对该实施者申请禁令的权利将受到限制。该《指南》列举出了标准必要专利许可谈判的具体流程：

步骤 1：专利权人提供要约。专利权人向实施者提供要约时应包括：专利清单、权利要求与标准对照表、实施人产品如何符合标准的信息、专利许可声明表及标准号等信息。

步骤 2：实施者表达接受 FRAND 许可的意愿。若专利权人执行了步骤 1，则实施者需要表达接受 FRAND 许可的意愿，但并不影响实施者在谈判过程中对专利的必要性、有效性以及是否构成专利侵权质疑。

步骤 3：专利权人提供具体许可条款。若实施者执行了步骤 2，则专利权人应提供具体许可条款，包括许可费等。专利权人有详细说明许可费计算依据的义务，包括第三方的可比许可协议、专利池收费标准、法院判决的费率等信息，以帮助实施者理解该许可费的合理性。

步骤 4：实施者提供反要约。若专利权人执行了步骤 3 但实施者不愿意接受该许可条款，则实施者应向专利权提供反要约，包括许可费等。实施者也有详细说明许可费计算依据的义务，包括第三方的可比许可协议、专利池收费标准、法院判决的费率等信息，以帮助专利权人理解该许可费的合理性。

专利权人和实施者应遵循以下谈判步骤，若进行完 4 个步骤后仍无法达成协议，则重复步骤 3 和步骤 4。

美、欧、日核心标准必要专利许可谈判原则类似但存在差异。经济产业省提出的善意许可谈判原则中，明确了专利权人和实施者之间的许可谈判交互顺序，以专利权人发起谈判开始，实施者提出反要约阶段性终止，其中双方都需要对自身的许可费主张提供支撑依据。但总体来看，许可谈判中专利权人需要承担更多的义务，符合经济产业省保护实施者利益的总体政策趋势。日本的善意许可谈判原则与美国司法部发布的美国框架、欧盟在中兴华为案中确立的乒乓球规则在核心原则上类似。专利权人方面，需要提供要约和具体谈判信息；实施者方面，需要及时表达愿意接受许可的意愿，若对许可条件不满意应及时提供反要约并详细阐述理由；最终双方无法达成一致意见时可寻求司法机构解决纠纷。但是具体细节方面还有部分差距，比如欧盟中兴华为案中把许可谈判流程与禁令挂钩，实施者若不能及时表达接受FRAND许可的意愿则大概率会被颁发禁令，且实施者拒绝专利权人的要约后要提供适当担保。相反，美国和日本均未把许可谈判流程与禁令挂钩，美国的禁令颁布规则仍遵循eBay案中的四要素规则，而日本则强调专利权人不应对愿意接受FRAND许可的实施者申请禁令。

近年日本标准必要专利规则制定主要依托专家组模式，自日本经济产业省于2021年成立标准必要专利专家组以来，积极开展标准必要专利许可规则探讨，最终形成《标准必要专利许可的善意谈判指南》。

（二）我国情况

我国的标准与专利融合始于20世纪80年代，GB/T 7399—1987《VHS型12.65 mm螺旋扫描盒式磁带录像系统》是第一个涉及专利的国家标准。早期，全社会知识产权保护意识不强，标准与专利融合问题并未引起社会各界关注，标准与专利融合的数量也较少。进入20世纪90年代，随着我国对外贸易发展，我国企业为打入国际市场，大量采用国外企业的“事实标准”组织生产。这些“事实标准”往往纳入了大量专利权。当我国企业在市场中取得成功时，专利持有者就开始收取高额的专利许可费，瞬时提高了生产成本，导致我国相关产业发展受到严重制约。如1999年的DVD许可费事件，我国DVD制造企业被迫向6C、3C等专利联盟交纳巨额的专利费，四分之三的制造企业因此破产，四分之一的企业一蹶不振，沦为DVD技术标准中专利权人的输血者，失去了进一步创新发展的活力。这一时期，标准与专利融合引发的专利权滥用和垄断问题引起了社会广泛关注。进入21世纪，国家高度重视科技创新，大力倡导自主创新，并充分认识到标准在促进科技成果产业化方面的积极作用，主动加大了自主创新标准的研制工作，已成功研发具有自主知识产权的数字电视、移动通信等高技术含量标准，并积极上升为国际标准。

我国要逐步走向全球产业链的高端，就必须拥有大量的高质量的标准必要专利，这是漫长的过程。我国近些年来高度鼓励开展标准与专利的融合，出台了一系列文件：

——《中华人民共和国专利法》在“专利实施的强制许可”一章中规定“在国家出现紧急状态或者非常情况时，或者为了公共利益的目的，国务院专利行政部门可以给予实施发明专利或者实用新型专利的强制许可”。因此，尽管《中华人民共和国专利法》规定“管理专利工作的部门不得参与向社会推荐专利产品等经营活动”，但在特殊情况下，行政管理部门通过公共标准强制推行专利技术是可能的、合法的。

——党中央、国务院于2021年印发的《国家标准化发展纲要》提出“完善标准必要专利制度，加强标准制定过程中的知识产权保护，促进创新成果产业化应用”“鼓励企业构建技术、专利、标准联动创新体系”。《纲要》部署的第一项任务就是推动标准化与科技创新互动发展。科技成果的基本转化途径是授权的有效专利。以往在专利审查、授权中，基本没有考虑涉及标准的问题，而标准制定过程中也很少关注专利问题。在《纲要》指引下，鼓励和促进专利转化为标准，将逐渐成为一种机制。国家知识产权局在专利审查中把标准化的需求纳入工作范畴，国家标准委也要在标准化工作中考虑专利及时授权的情况，两个部门应建立联席工作机制，做到标准制定和专利审查协调互动、同步进行，以促进国民经济发展。

——《国务院关于新形势下加快知识产权强国建设的若干意见》中明确指出，“要加大创新成果标准化和专利化工作力度，推动形成标准研制与专利布局有效衔接。研究制定标准必要专利布局指南”。

——《知识产权强国建设纲要（2021—2035年）》在第二十一条“构建多边和双边协调联动的国际合作网络”中规定“推动专利与国际标准制定有效结合”。

——国务院2021年印发《关于印发“十四五”国家知识产权保护和运

用规划的通知》（国发〔2021〕20 号）。在该通知中的“四、提高知识产权转移转化成效，支撑实体经济创新发展”中的“（九）完善知识产权转移转化体制机制”规定“促进技术、专利与标准协同发展，研究制定标准必要专利许可指南，引导创新主体将自主知识产权转化为技术标准。健全知识产权军民双向转化工作机制。（教育部、科技部、工业和信息化部、市场监管总局、中科院、国家国防科工局、国家知识产权局、中央军委装备发展部等按职责分工负责）”。

——国务院于 2008 发布的《国家知识产权战略纲要》中第 17 条指出：制定和完善与标准有关的政策，规范将专利纳入标准的行为。支持企业、行业组织积极参与国际标准的制定。

——《2012 年国家知识产权战略实施推进计划》中第 18 条指出：开展标准中知识产权处置政策制定、专利评估与实施，提高国际主要标准中我国知识产权的比例。旨在大力支持相关企业及行业组织积极参与并主导国际标准的制定工作。

——国务院 2015 年发布的《关于印发深化标准化工作改革方案的通知》中第三章的第（四）条中指出“支持专利融入团体标准，推动技术进步”。

——《2015 年国家知识产权战略实施推进计划》中第 38 条指出：在国家级高新技术开发区、知识产权示范园区探索开展标准与专利相结合的示范工作。

——《产业知识产权联盟建设指南》中第 3 条提出：推进知识产权与标准的融合。根据产业发展和市场竞争需要，制定标准制修订计划，积极参与和主导国家及行业技术标准制修订工作，推动建立标准制定和专利池构建的良性互动机制；联合开展定向化、系统化的知识产权前瞻布局，制定并推行产业核心产品与关键技术相关标准，推动相关必要专利纳入产品和技术标准，形成知识产权与技术标准的有效衔接和捆绑运用，促进知识产权、标准与市场活动的紧密融合。

——2021 年第十三届全国人大常务委员会第三十一次会议上，最高人民法院院长作了《关于人民法院知识产权审判工作情况的报告》的汇报。该报告的“（五）健全知识产权诉讼规则，破解知识产权司法保护难题”提到“完善知识产权行为保全制度，为权利人及时提供司法救济，避免因诉讼周期长导致合法权益受损扩大。兼顾及时保护和稳妥保护，防止滥用保全进行不正当竞争。在平行诉讼高发的标准必要专利纠纷领域，探索完善“禁诉令”适用”。

——《国家标准化体系建设发展规划（2016—2020 年）》中明确指出：“鼓励企业将拥有自主知识产权的关键技术纳入企业标准或团体标准，加强专利与标准相结合，促进标准合理采用新技术。当前，技术标准与专利结合的趋势越来越明显，将专利纳入技术标准已成为一种发展战略，越来越多的企业通过标准与专利的捆绑成为市场主导”“加强专利与标准相结合，促进标准合理采用新技术”。

——《“十三五”技术标准科技创新规划》（国科发基〔2017〕175 号）提出：鼓励企业基于创新技术、专利，制定优于国际标准、国家标准、行业标准的企业标准，培育市场竞争优势。鼓励社会团体建立健全团体标准中专利处置、管理、收益分配等制度措施，推动社会团体成员自有和共有专利融入团体标准，提升协作创新、全产业链创新效益和效率。健全技术标准中涉及专利的管理措施，统筹协调好专利保护和技术标准研制工作。

——国务院发布的《质量发展纲要（2011—2020 年）》（国发〔2012〕9 号）中提出要注重创新成果的标准化和专利化，从而起到扭转重制造轻研发、重引进轻消化、重模仿轻创新状况之作用。

——国务院办公厅发布的《消费标准和质量提升规划（2016—2020 年）》（国办发〔2016〕68 号）中提出要加强消费品领域科技、专利、标准一体化研究，鼓励将拥有自主知识产权的关键技术纳入标准，从而起到推动技术创新、标准研制和产业化协调发展之作用。

——中共中央、国务院《关于开展质量提升行动的指导意见》（2017 年第 27 号）中则提出要建立健全技术、专利、标准协同机制，从而起到破除质量提升瓶颈之作用。

——《关于培育和发展团体标准的指导意见》（国质检标联〔2016〕109 号）中亦明确支持专利融入团体标准，从而起到促进创新技术产业化、市场化之作用。并进一步提出要制定团体标准涉及专利的处置规则，对于团体标准中的必要专利，应及时披露并获得专利权人的许可声明等具体要求。

——《装备制造业标准化和质量提升规划》（国质检标联〔2016〕396 号）中指出在装备制造业领域要通过标准促进科技成果、专利技术转化和快速推广应用，并支持专利融入团体标准，从而起到推动装备制造业技术进步之作用，并要求通过加强法规政策的建设，合理处置装备制造业标准中所涉及的专利。

四、标准与专利融合案例

（一）通信行业标准与专利融合

1. 通信技术发展历程

第一代移动通信技术（1G）于 20 世纪 80 年代诞生于美国。

第二代移动通信技术（2G）成熟于 20 世纪 90 年代，GSM、TDMA、CDMA 等不同制式的数据业务于这一时期纷纷登场。其中，GSM 系统被欧洲电信标准化协会（ETSI）认定为统一标准，由此拉开了欧盟与美国之间的全球移动通信系统的标准之争，而 GSM 作为开放性的标准，使不同制造商的产品相互兼容，被广泛认可。

第三代移动通信技术（3G）发展期间，美国开发了 CDMA2000 技术标准，欧洲开发了 WCDMA 技术标准，中国通信企业开发了 TD-SCDMA 技术标准。CDMA2000 和 WCDMA 在全球规模化使用。TD-SCDMA 只有我国采用，但庞大的用户市场推动了 TD-SCDMA 快速发展，为我国在 4G 和

5G时代参与制定技术标准赢得了话语权。

第四代移动通信技术（4G）在3G基础上发展为LTE-FDD和LTE-TDD两种技术标准。其中，美国高通公司主导的LTE-FDD更为成熟，在国际上拥有较高的市场占有率。而我国中兴和大唐电信等企业自主研发的LTE-TDD是基于TD-SCDMA技术仍与世界先进水平存在不小差距。

第五代移动通信技术（5G）在4G的基础上实现了飞跃式创新。5G先后经历了多个标准的发展。R15（Release 15）标准于2019年冻结，华为的Polar码与高通的LDPC码在信道编码方案中占优势。R16标准于2020年冻结，中国移动、华为和大唐通信等企业对R16标准的贡献得到广泛的认可。R17主要目的是持续完善5G通信技术全场景应用，最终实现物联网的全面应用，于2022年宣布冻结。被称为“5.5G”的R18标准制定工作开始启动。根据规划，5G技术演进被分为两个阶段，R15/R16/R17这三个版本称为5G演进的第一阶段，之后的R18/R19/R20这三个版本称为5G演进的第二轮创新。5G通信技术标准发展中，将通过多技术相融合、多方生态合作持续强化5G通信技术应用场景，对智能交通、智能能源、智能城市和智能家居等多个数字化场景应用作出贡献。

2. 通信行业标准与专利融合的必要性

通信行业是典型的“三流企业做产品、二流企业做技术、一流企业做标准”的行业。通信行业对标准竞争甚至已经超过了产品市场份额的竞争。近年来，全球经济已经掀起了一场利用专利等知识产权进行标准争夺的战争。通信领域标准必要专利造成的国际争端吸引了最多的关注。

1982年起，欧洲发起建立第二代移动通信标准GSM的计划。1987年欧洲主要电信运营商签订“GSM谅解备忘录”，决定采用GSM标准。作为高科技的移动通信标准，GSM无法回避专利问题。事实上，在标准选择过程中，可能涉及的专利得到了高度重视。在1987年形成决定之后，标准组织专门搜寻研究确定哪些专利与该标准有关。1988年欧盟的研究表明，关于专利权的未决问题是GSM项目最严重的软肋。在确定技术标准之后，即GSM标准发展的第二阶段，标准实施和产品开发等事务的关键环节之一就是制定标准政策，特别是对专利技术许可问题的解决。这是一个供求双方不断博弈的过程。欧洲的主要电信运营商在1988年邀请设备供应商参与网络设备投标。运营商统一行动并提出了两种具体的措施：一是生产商只有在完全保证运营商不会有专利侵权情况下才可能获得订单；二是供应商必须在世界范围免费提供所持有的实施GSM系统的必要专利。电信运营商希望以此回避可能的专利风险。多数供应商勉强接这两个条件，但是摩托罗拉坚决反对。后来这些专利政策逐渐调整，基本能够实现供求双方的满意。

在GSM技术标准的形成过程中，各参与公司有的是技术领先者，有的是新进入者，有的是跟随者。各公司根据自身的状况和市场环境采取了不同的战略。

——摩托罗拉公司：不同于欧洲公司，摩托罗拉更理解专利的价值，特别是在如柯达与宝丽来等专利案之后，充分意识到了利用专利保护创新的重要意义。因此它申请的专利数量相当之多。作为早期通信技术领先者，摩托罗拉参与不同市场的竞争，在美国国内与AT&T竞争，在国外的电信采购中与本国供应商竞争。摩托罗拉采取随同当地标准的策略，如数字移动电话网，它参与了欧洲GSM，美国的D—AMPS标准，所以他不希望由欧洲在1982年发起的GSM成为世界标准，它在欧洲支持GSM，但是在其他地方却支持别的标准。摩托罗拉预期自己在欧洲的GSM设备供应中可能受限，它和其他GSM供应商的区别是没有支持GSM交换系统的数字交换系统，因此它只能为GSM三大系统提供终端和基站两大系统。对于起源于欧洲的GSM标准，摩托罗拉由于基站只是一次性销售，而交换系统可以因软件升级和更新而获得长期收入，所以摩托罗拉希望从射频技术获得许可收益以获得补偿。摩托罗拉在GSM标准形成过程中采取的策略是以进攻为主，目的是要从已有技术中获取最大收益。一是在 GSM 标准开发阶段大量申请 GSM 专利技术。而其他参与者都相信君子协议，不保护他们的创新和对标准的贡献。二是不仅冒着失去市场的风险反对欧洲电信运营商采购联盟提出的苛刻许可条件，还抵抗 ETSI 提出的许可政策。三是凭借自身的专利技术优势，形成了自己希望达到的交叉许可。实际上摩托罗拉只希望交叉许可，而不希望货币补偿，通过用 GSM 必要专利换取非必要专利或者与 GSM 无关专利，进一步提升技术能力。

——诺基亚公司：作为新进入者的诺基亚公司，基本上是在欧洲已经确定了 GSM 所用技术之后才进入移动通信领域的。其专利重点主要体现在两个方面：一是获得 GSM 必要专利；二是积极学习，研发新技术，实现在 GSM 标准中由次要角色到主导角色的转变。公司首先想办法获得了 5 个 GSM 必要专利。进入 GSM 标准之后，诺基亚努力进入了由摩托罗拉领衔的专利交叉许可联盟，在市场上获得了保障，同时凭借强大的学习和研发能力，不断在技术上实现追赶。在 GSM 标准发展的第三阶段，诺基亚成为 GSM 必要专利的主要申请者。在 1992 年之后，诺基亚公司每个必要专利平均被引用的次数超过了摩托罗拉，专利引用可以看作知识溢出和学习的主要指标。诺基亚凭借自己的学习和创新，最终在通信市场上胜出，2004 年 8 月，诺基亚拥有 GSM 专利 1284 个，约占全部专利的 35%，远远高于摩托罗拉。

——其他公司：爱立信与诺基亚相似，先是收购了 4 个专利，后来积极创新学习，获得了大量专利，在 GSM 中占据主导地位。阿尔卡特则不同，它在数字移动电话系统的研发相当活跃，当以其技术为基础的德法建议被否定后，不得不重新研发，在 GSM 标准的第三阶段弥补了落后。美国的 IDC 公司，1991 年曾突然宣布自己持有 GSM 必要专利，认为许多基于 CDMA 的移动电话系统侵犯了其专利。1995 年，美国联邦政府宣布无效，其他移动电话生产商都松了口气。但 IDC 已收取了 7000 万美元的许可收入。一年后，德国联邦专利法庭发现 IDC 的一个专利在美国无效。虽然如此，人们仍然认为IDC从GSM专利获得了大量收入。IDC的专利战略可称为“不披露策略”。

从通信技术标准和专利的发展来看，我国企业在技术标准中的地位相对比较弱，技术实力也有不足，但在近十年来的发展可以用“迅猛”二字来形容。小米、华为和中兴等中国通信企业在海外市场都纷纷卷入“标准必要专利”的战争当中。

2014年12月，小米公司因涉嫌侵犯爱立信拥有的ARM、EDGE和3G等相关技术的8项专利，在印度被爱立信起诉。法院裁定小米侵犯了爱立信持有的标准必要专利并实施了预售禁令，禁止小米进口涉案专利技术的应用以及制造、促销和销售于印度市场，禁止涉及小米的侵权产品进入印度。随后，小米按照印度法院的提存要求，每台设备支付了100印度卢比，并暂时恢复了部分手机的销售。原告诉请巨额的赔偿金是每台手机销售额的1%，作为对原告损失的弥补。小米在判决后提出上诉，此后法院多次作出判决，双方一再申诉。经过三年多的审判，小米和爱立信在印度的专利纠纷以和解告终。

美国国际贸易委员会于2013年发起对华为公司等企业的3G、4G无线设备的“337调查”，以确定是否侵犯了美国公司的专利。“337调查”由美国厂商IDC等推动，指控华为3G产品侵犯了7项专利。为了维护自己权益，2011年12月华为起诉至深圳市中级人民法院，对IDC滥用市场支配地位提起反垄断诉讼。广东高级法院支持了华为对不公平定价的指控，认为IDC对华为的报价明显高于其他公司，认为向全球手机销量远低于苹果、三星等的华为公司索要高价明显缺乏正当性及合理性等。2013年，广东省高级法院认定美国IDC公司构成垄断并赔偿华为公司2 000万元人民币。

2017年，英国法院创造性地基于两项英国标准必要专利判下一种新型专利禁令，即除非华为愿意按法院给出的条件签订许可，否则就要在英国停止其实施涉案专利。英国法庭亮明了双方给出各次邀约的专利费率条件，并计算了法院认为符合 FRAND 原则的、在全球范围打包的许可费率。

3. 中国在 5G 标准必要专利上的崛起

中国移动通信行业的发展经历了 2G 落后、3G 突破、4G 同步、5G 引领的转变，该领域的标准必要专利持有量大幅度上升，中国企业也面临从“追赶者”到“领导者”转型的挑战。3G 和 4G 的成功案例表明了专利标准化的必要性，5G 时代，中国企业对技术创新的重视程度以及知识产权的保护意识不断提高，到 2020 年，中国 5G 标准必要专利持有量排名第一，已具备与美国、欧盟等专利大国或地区竞争的实力，使得中国与其他创新型国家或地区之间的比较成为可能。

以 Polar 码为例。2007 年，Arikan 给出世界上唯一一个能够被严格证明达到香农限的信道编码方法，即 Polar 码。Polar 码提出后的次年，华为识别出 Polar 码有作为优秀信道编码技术的潜力，于是便与 Arikan 展开双向合作。Arikan 向华为共享理论知识，华为向 Arikan 提供资金支持、技术反馈和场景测试。面对此前完全陌生的 Polar 码，华为逆势前进，开展基础技术研发，维持其原有优越性并不断改进，以满足 5GNR 通信系统性能需求。从 2011 年起，华为开始对 Polar 码理论相关技术申请专利，相关核心技术包括信息位选取、级联结构、速率匹配、信道交织 4 类，分别于 2011、2012、2013 和 2017 年实现技术突破并开始申请专利。2011—2019 年，华为通过以及配套设备、方法和装置的优化不断完善 Polar 码技术，在此期间，4 项核心技术也随之更新或取得突破，所有技术进展都通过相关专利申请进行保护，逐渐形成了华为 Polar 码技术方案的专利护城河。针对 5G NR 增强型移动宽带场景控制信道编码标准，这些专利组成一套完整的技术方案，是一个侧重于 Polar 码结构的改进变化和制造方法步骤的过程。

2011—2019 年华为共申请 233 项 Polar 码相关专利，其中一部分专利通过《国际专利条约》国际专利申请系统进行申请，随后在一些国家申请专利保护，另一部分专利仅通过 PCT 国际专利申请系统进行申请且未在其他国家申请专利保护。华为专利申请通过时间链和技术组合方式，形成满足未来场景需求的技术包围网，通过4类核心专利与外围专利（设备、方法和装置）组合方式，使核心技术不断优化，形成可达香农限的Polar码技术，通过解决硬件实施问题并对其性能加以优化，使技术标准占据重要地位，并将其应用于5G增强型移动宽带场景，体现了创造性和实用性，通过地域自内向外的专利布局方式，使技术扎根国内，再向外逐步扩散，有效形成专利防御。

标准的高复杂性导致单个企业难以拥有行业技术标准所需的核心技术专利。华为5G标准提案包括华为与其他企业合作申请专利和华为独立申请专利。在5G产业周期内，华为合作提案占比从2015年的83.70%下降至2020年的64.66%，华为独立提案占比从2015年的16.30%逐步上升到2020年的35.34%。从中可见，华为合作提案行为逐步减少，独立提案行为日益增多。华为5G标准提案经历了先合作再独立的演化过程。选择合作是由于彼时华为未完全掌握核心技术，需要依靠合作创新降低研发风险，通过在合作过程中吸收不同企业的先进技术知识，为自主创新创造更多价值。选择独立申请行为是由于随着技术的不断进步，华为技术吸收率不断提高，仅获取技术已经不能满足其发展需求，为在行业中占据主导地位，需要放弃部分合作行为，增加独立开发比重，赢得可持续竞争优势。

2006—2012年，华为紧跟标准发展，根据标准规定的性能指标进行方法调节和系统策划，不断发起修订、改进、更正等请求提案，同时积极模仿同行企业的成熟技术，从中找出技术突破口，进一步提升自身技术研究方向和专利申请，两者同步进展。技术标准兼容性特征要求其在更多产业链主体内实施。从技术标准研发到提案，华为从早期对同行的模仿、研究和学习，到与知名厂商如爱立信、英特尔、诺基亚、高通和三星等组建产业化同盟、共同定义5G标准，再到成立产品线，到最后测试推广使之产业化，华为一边通过实验室进行产品研发等工作，一边参与5G标准制定并与其他参与者共同推进技术标准商业化运用。华为以自身研究的技术引导标准进一步发展，促进自身持有专利向标准不断转化。

基于自身专利布局和 3GPP 的 RAN1 工作组标准要求，华为对 Polar 码专利进行持续研究，并发起 Polar 码标准提案。2016 年 11 月，美国内华达州里诺召开的 3GPP RAN1 会议，华为凭借 Polar 码方案在与 LDPC 码和 Turbo 码方案竞争中胜出，成为 5G 控制信道 eMBB 场景编码的最终方案。3GPP 确定 5G NR eMBB 控制信道编码标准方案后，3 家企业的 Polar 码提案发起数量均在次年（2017 年）达到峰值。华为发起的 55 项 Polar 码标准提案主题包括信道编码、极化码设计、代码构建、速率匹配、序列设计、代码构建遗留问题、其他、物理广播信道和上行链路循环冗余校验。

华为 Polar 码技术标准提案具有如下特征：第一，华为全程参与项目，以核心技术研发为主，以其他技术研究为辅，确保知悉竞手动态及市场动向，把握技术标准发展方向。第二，数量即使未绝对领先，但被批准的数量也占有一定优势，确保不落后或者与竞争对手保持同步发展，为将来占领市场份额打下基础。第三，合作与独立研发两不误，与竞争对手保持战略友好合作关系；同时完善、加强自身技术研发，确保技术研发更全面，以更好地适应市场及消费者需求，避免恶性竞争。结合专利数据，华为发起的 Polar 码技术标准提案在数量方面对 Polar 码专利进行深化和凝练，以未来市场需求为主导进行基础研究并加以创新；在技术方面对 Polar 码专利进行深究和延续，从而实现关键技术增益和重要领域突破；在内容方面对 Polar 码专利进行深省和提升，将偏差信号反复反馈至前端以达到最优效果。

Polar 码专利的 4 类核心技术——信息位选取、级联结构、速率匹配和信道交织——与标准提案项目中“信道编码、广播物理信道”“代码构建”“速率匹配”“序列设计”所涉技术一一对应。如上文所述，华为自 2011 年起开始申请 Polar 码相关专利，4 类核心技术专利与标准提案的密集产生期均为 2016、2017 两年。经过数年积淀，Polar 码标准与专利数量于 2017 年前后出现爆发式增长。对专利技术进行全面研究，可为标准提案的完整性提供铺垫。企业以专利为技术标准发起标准提案，提案内容可行性强、审核通过率高。专利经技术转化与标准有效连接，不断优化的技术促进专利革新，不断变化的需求促进标准进步，革新专利以迭代的新技术为枢纽向标准转化，不断符合用户需求、推动行业发展。因此，标准与专利以技术为纽带相互影响。无论是各自的技术分布方式，还是与其他企业之间的竞争图样，两者在同类技术中是一套完整的发展体系。标准与专利发展，两者具有协同性。

通过 Polar 码案例，可以对 Polar 码专利布局、技术标准形成规律以及两者关系得出如下结论：

——Polar 码专利通过“技术优化—地域扩散”组合方式布局。Polar 码专利布局是一种技术层级优化、地域逐步扩散的组合过程。在技术方面，华为申请的 Polar 码专利均为改进型专利，使 Polar 码不断优化迭代。在地域方面，华为通过 PCT 国际专利申请系统进行专利申请，从国内逐步向国外扩散，广泛分布于亚洲、欧洲等地区。

——Polar 码技术标准遵循“需求导向—集成创新—增益观察—闭环反馈”持续性循环演化规律。产业技术迭代创新通过市场需求拉动，而非技术推动。基于国内通用的 3G、4G 技术以及未来场景需求，华为将相关技术有机融合，实现核心技术创新突破。

——Polar 码技术标准与专利相互促进与协同。新技术需求促进专利申请，专利引导标准化进行优化，并在需求等方面引导标准发展方向、促进标准化。技术不断创新，标准也随之更新进步。专利布局需要以标准发展为基础进行方案设计，并对理论技术进行研究，引导专利向标准化方向发展，同时为标准提案做出铺垫。

（二）铁道行业标准必要专利案例

铁道行业（或铁路行业）与核工业同为国民经济中的基础性行业，具有相同的特征，如资金密集、技术密集、高附加值、高行业壁垒、自主知识产权、工程量大和系统复杂等。因此，铁路行业标准与专利融合的案例或可对核工业产生有益启示。

1. 铁道行业标准和专利的特点

铁路技术如同核电技术一样，是个十分庞大复杂的工程体系。铁道行业的专利具有如下特点：

——专利权人与侵权人的社会背景往往会导致专利的法律效力难以发挥。铁路行业是一个资金密集型行业，参与铁道建设和列车制造的产权单位、设计单位、施工单位、监理单位、咨询单位等一般均具备较雄厚的实力；而且不管是在国内还是国外，这些单位（企业）普遍具有政府、国企背景，或是甲、乙方的关系，或是母子关系，或是兄弟关系。在发生专利侵权现象时，相关各方更倾向于通过行政手段、协商方式等来解决问题，而不愿意诉诸法律，使专利在一定程度上丧失法律效力，让行业中部分人产生专利无用的错觉。

——专利技术从研发到运营获取收益的周期较长。相对于通信等行业，铁路行业技术相对来说技术更新换代比较慢，很多结构和方法类的专利技术，在定型过程中，一般会经过技术研发以及数个工程的试用、改进，而这些试用的工程由于资金投入量大，因而一般会结合永久工程去试用、改进定型，而工程施工周期往往很长。可见，一项技术从理论研究到定型、布局、推广，往往花费数年甚至更长的时间，在专利有效期内留给专利运营创效的时间较少，这在一定程度上影响了研发者将技术公开、申请专利的积极性。

——专利侵权取证困难。在结构和方法类专利中，专利技术对应的产品一般为固定建筑物，而且很多都是隐蔽工程，施工结束后很难再发现曾经发生过专利侵权；施工过程中，由于铁道建筑侵权发生地一般远离城市，而且很多施工现场采取封闭管理，专利权人很难发现侵权现象的发生。

对于铁道行业标准，从行业自身的性质和特性角度来看，铁道行业作为一个相对比较传统的行业，其所承担的通常是关系到国家或地区重大利益的工程，因此在大多数建设项目中往往倾向于采取成熟的通用技术，并将其整理、归纳为整个行业遵循的各类技术标准，对新工艺、新设备和新技术等的应用相对而言更为慎重。此外，绝大多数的铁路产权均为国家所有，所制定的标准明确要求参与建设的各方在生产经营均需达到相应的指标或参数或采用的方法，很大一部分为强制性标准。即便是推荐性标准，但在工程实践中仍往往按强制性标准来对待。

2. 铁道行业工程建设标准必要专利情况

根据王清明等学者对国内外铁道行业工程建设的标准必要专利的梳理，仅有如下 7 项标准含有标准必要专利，详见表 1-3。

表 1-3　铁道行业标准必要专利

标准	标准必要专利	备注
IEC 61000-4-11　电磁兼容性（EMC）第 4 部分的第 11 节：试验和测量技术　电压下降　短路和电压偏差抗扰试验	EP10197378B1	核心技术
EN 13230-3—2009　铁路设备　轨道　混凝土枕木和支撑架　第 1 部分：一般要求	EP1520074A1	8 件外围专利，许可给原铁道部
TB 3397　CRTS 双块式无砟轨道混凝土轨枕	CN1636093A	
TB 2809　电气化铁路用铜及铜合金接触线	CN101710505A	涉及 58 件专利组合
TB 3147　铁路轨道检查仪	CN1480587A	核心技术
TB 10621　高速铁路设计规范	CN102966008A	我国自主研发
TB 3320　铁路桥梁球型支座	CN202298451U	效益显著

相较于我国通信、电子等行业，我国铁道行业工程建设领域的标准必要专利寥寥无几，近年来通过引进再创新，取得了一些技术突破，专利数量大幅上升，但核心专利的缺乏。同时也说明我国铁道行业标准化工作需要市场主体更加深入参与，标准组织和企业需要对专利标准化开展针对性研究和战略设计，系统、有规划地开展专利标准化工作。

与国外相比，我国铁道行业标准（TB）中标准必要专利数量相对较多，说明我国近些年铁道行业技术、标准与专利协同发展的活力更强。如，以我国高速铁路 CRTSⅢ型无砟轨道板专利标准化为例。无砟轨道是指采用混凝土和沥青混合料等整体基础取代散粒碎石道床的轨道结构，又称作无碴轨道，是当今世界先进的轨道技术。无砟轨道与有砟轨道相比，无砟轨道避免了道砟（承托轨道枕木的碎石）飞溅，平顺性好，稳定性好，使用寿命长，耐久性好，维修工作少，列车运行时速可达 350 千米以上。高速度、高密度、长距离跨线运输是我国高速铁路的主要运营特点。为满足行车安全、乘车舒适和准点行车的要求，铁路线路必须具有结构连续、平顺、稳定、耐久和少维修的性能，因此我国高铁轨道采用无砟轨道技术。

我国无砟轨道的结构形式有 CRTSⅠ、Ⅱ型板式，CRTSⅠ、Ⅱ型双块式以及 CRTSⅢ型板式无砟轨道等，技术来源包括日本、德国和中国。相比于引进的 CRTSⅠ型、CRTSⅡ型轨道板，我国完全自主创新研发的 CRTSⅢ型板式无砟轨道板集日本和德国两种无砟轨道板的优点、是一种高安全性、高耐久性、可维修性好的轨道结构，列车高速通过时平顺性更高、乘客乘坐舒适度更好，适用于时速 350 千米以上的城际铁路及严寒地区高铁，其已经成为我国新建高速铁路的主要无砟轨道结构类型，也是中国高铁打破外国技术壁垒得以“走出去”的主要技术支撑之一。而为保持自主创新技术 CRTS Ⅲ型板式无砟轨道板的核心竞争力，自然离不开专利的防护盔甲，同时为快速广泛推广该技术，又必然需要依赖技术标准的应用实施。因此，将 CRTS Ⅲ型板式无砟轨道板专利技术写入标准实现专利标准化是实施我国高铁知识产权战略的高层次动作，更是高级的专利运营模式。

目前，CRTSⅠ型、CRTSⅡ型轨道板技术均已由国家铁路局发布为行业标准，而 CRTSⅢ型轨道板技术在应用初期主要以某一具体施工线路的作业指导书形式实施，直至 2017 年随着 CRTS Ⅲ型轨道板的广泛应用，由中国铁路总公司颁布为企业标准，内容涵盖范围、规范性引用文件、技术要求、检验方法、检验规则、标志和储运六个章节，以及六个规范性附录，供旗下各个子公司、分公司在高铁线路铺设中执行。

唐顺梅等通过比对中国铁路总公司企业标准 Q/CR 567—2017《高速铁

路 CRTS Ⅲ型板式无砟轨道先张法预应力混凝土轨道板》与该标准涉及的核心专利技术（包括 CN104264533A、CN102628242A、CN201915299U、CN102162207A、CN102296492A），认为企业标准制定时充分考虑专利申请时的原始权利要求技术方案，基本上能够将核心专利技术写入标准条款中，如表 1-4 所示。

表 1-4　Q/CR 567—2017 涉及专利情况

专利公开号	授权的权利要求 1	标准中对应要求
CN104264533A	一种双向先张预应力混凝土轨道板的生产方法，其特征在于：采用双向张拉法，所述双向张拉法的张拉布局包括张拉坑、轨道板模型、预应力筋、钢筋骨架和复数个张拉设备；其中，所述张拉坑为四边形的钢筋混凝土结构，对向设置的两条边分别有固定端和活动端，所述活动端的外侧有活动端钢梁，所述轨道板模型设于所述张拉坑内，呈矩阵排列，各个轨道板模型间设有预留空间，所述预应力钢筋和钢筋骨架设于所述轨道板模型中；每个轨道板模型中排列位置相对应的预应力钢筋通过连接机构形成一条张拉直线；所述张拉设备设于所述活动端和活动端钢梁之间，并且张拉分为初张拉和整体张拉两部分	第 3.3.7 节 b）轨道板纵横向预应力筋应双向同步放张；第 3.2.8 节 a）预应力筋采用螺旋肋钢丝，b）钢丝端部螺纹应冷滚轧成型，配套设置锚固板；第 3.3.4 节 e）张拉杆安装前应先紧固锚固板至预应力筋螺纹根部；第 3.3.8 节，a），e）采用干硬性封锚砂浆对锚穴进行封锚；第 3.3.5b）预应力筋张拉分两个阶段，1）初张拉，2）终张拉，采用张拉梁整体张拉预应力筋；第 3.3.6 节 e）混凝土浇筑前，应确认钢筋即预埋件的位置和间距，并检测钢筋骨架的绝缘性能，第 3.3.5 节 f）保持同一张拉梁两千斤顶活塞伸长值之间偏差不应大于 2.0 毫米
CN102628242A	一种板式无砟轨道混凝土轨道板的制造方法，其特征在于，包括以下步骤：a. 将轨道板的钢模安装到位；b. 用非预应力钢筋编制钢筋骨架，将纵向预应力钢筋和横向预应力钢筋穿入钢筋骨架中；c. 将钢筋骨架、纵向预应力钢筋以及横向预应力钢筋一起吊入钢模中，并在纵向预应力钢筋的端部和横向预应力钢筋上安装锚固板，锚固板上设有内螺纹孔，在纵向预应力钢筋和横向预应力钢筋上均设有外螺纹段，纵向预应力钢筋、横向预应力钢筋均与锚固板螺纹连接；d. 用连接杆将纵向预应力钢筋、横向预应力钢筋与张拉系统连接就位；e. 对纵向预应力钢筋、横向预应力钢筋进行单根初张拉；f. 分别对横向预应力钢筋、纵向预应力钢筋进行同步张拉，形成先张横向预应力钢筋和先张纵向预应力钢筋；g. 浇筑混凝土；h. 蒸汽养护；i. 当混凝土的强度达到设计强度的 80%以后，放张；j. 拆除连接杆；k. 脱模；l. 封锚	第 3.3.3 节 d）模板应采用柔性支座，进厂后在制板台座内组装；第 3.3.4 节 b）钢筋骨架应在专用台架上进行制作；第 3.3.7 节 b）轨道板纵横向预应力筋应双向同步放张；第 3.3.7 节 f）轨道板脱模后应先封锚再进行水中养护；标准名称：先张法预应力混凝土轨道板；第 3.2.8 节 a）预应力筋采用螺旋肋钢丝，b）钢丝端部螺纹应冷滚轧成型，配套设置锚固板；第 3.3.4 节 e）张拉杆安装前应先紧固锚固板至预应力筋螺纹根部；第 4.11 节预应力筋-张拉杆组装件；第 3.3.5 节 b）1）初张拉单根张拉预应力筋，2）终张拉，采用张拉梁整体张拉预应力筋；第 3.3.7 节 b）轨道板纵横向预应力筋应双向同步放张；3.3.6 混凝土配置、浇筑、养护，j）轨道板蒸汽养护；第 3.3.7 节 a）混凝土强度不低于 45 MPa，弹性模量不低于 3.35×10^{4} MPa 方可放张；第 3.3.7 节 e）脱模；第 3.3.8 节封锚作业

续表

专利公开号	授权的权利要求 1	标准中对应要求
CN201915299U	一种板式无砟轨道先张法预应力混凝土轨道板，它包括：板体，在板体上设置有扣件预埋套管，其特征在于：在板体内沿长度和宽度方向设置有至少一排纵向普通钢筋和至少一排横向普通钢筋，所述纵向普通钢筋与所述横向普通钢筋之间彼此绝缘，在板体内沿长度方向和宽度方向还设置有至少一排纵向预应力钢筋和至少一排横向预应力钢筋，在所述纵向预应力钢筋和所述横向预应力钢筋上的预应力方向为双向先张，在所述板体上还设置有限位结构和接地端子	标准名称：先张法预应力混凝土轨道板；第 3.2.11 节扣件预埋套管；第 4.17 节轨道板钢筋间的绝缘性能以 500 V 兆欧表检测，以横向钢筋作为测量的基准钢筋，检测每根纵向钢筋与相连的横向钢筋间的电阻；第 3.3.7 节 b）轨道板纵横向预应力筋应双向同步放张；第 3.2.12 节接地端子
CN102162207A	被驳回	标准名称：先张法预应力混凝土轨道板；第 3.3.7 节 b）轨道板纵横向预应力筋应双向同步放张
CN102296492A	被驳回	标准名称：先张法预应力混凝土轨道板；第 3.3.7 节 b）轨道板纵横向预应力筋应双向同步放张

第二章

核工业标准组织及其专利政策

第一节　国际标准组织及其专利政策

常规意义上的国际标准组织有三个：国际标准化组织（ISO）、国际电工委员会（IEC）和国际电信联盟（ITU），分别发布ISO标准，IEC标准，ITU-T建议书和ITU-R建议书。在三大国际标准组织中，主要负责核领域国际标准化工作的技术委员会是ISO的“核能、核技术与辐射防护技术委员会”（ISO/TC85）和IEC的“核仪器仪表技术委员会”（IEC/TC45）。

国际标准与专利的结合由来已久，IEC最早涉及专利的国际标准出现在1967年，ISO和ITU最早涉及专利的国际标准出现在1983年。早期，由于标准的“统一、规范、通用”属性和专利的“私有、垄断、独占”属性冲突，国际标准组织以使用成熟技术为主，尽可能避免将专利技术纳入技术标准，以避免出现专利权侵权纠纷。但近年来呈现明显的上升趋势，譬如ISO标准目前涉及专利数量已达2 100余件。

在核电领域，我国近年来主导制定了多项国际标准，国际标准化工作蒸蒸日上，提高了我国的制度性话语权并进一步推动国际规则朝着更加公平和均衡的方向发展，创造更加稳定、公平和透明的发展环境。

一、国际标准组织概述

（一）国际标准化组织

国际标准化组织成立于 1947 年，是一个全球性非政府国际组织，也是目前世界上最大最具权威的国际标准化机构，现有 169 个成员国。我国作为 ISO 创办成员国之一，2008 年 10 月正式成为 ISO 常任理事国。ISO 将成员国技术专家汇聚在一起，分享知识，并制定自愿的、基于共识的、与市场相关的国际标准，以支持创新并为全球挑战提供解决方案。ISO 制定的标准供成员国自愿采用。其目标是制定相关的、基于共识的高质量标准，以应对当前和未来的挑战，专注于在恰当的时间以合适的内容将正确的标准推向市场。

ISO 的技术工作通过技术委员会（TC）进行。截至 2022 年年底，ISO 已有技术委员会 810 个。ISO/TC85 是 ISO 开展核领域标准化工作的技术组织，主要从事和平利用核能、核技术以及辐射防护领域的标准化工作。该技术委员会下设一个核安全顾问组、一个主席顾问组，两个直属工作组，三个分技术委员会，分别为：

——TC85/WG1：术语工作组，秘书处设在阿根廷。

——TC85/WG3：辐射加工剂量测量工作组，秘书处设在美国。

——TC85/SC2：辐射防护分技术委员会，下设 11 个工作组。该分技术委员会主要负责制定核能利用过程中的辐射防护标准，以及医学应用标准，但不包括 IEC/SC45B 辐射防护仪器和 ISO/TC147/SC3 放射性水质处理方面的标准。秘书处设在法国。

——TC85/SC5 核燃料技术分技术委员会，下设 5 个工作组。该分技术委员会主要负责制定与涉核设施、过程和技术的规划、建造、运行和退役相关的标准制定和推广，但不包括非和平利用核技术、密封源、辐射加工、核电厂和研究堆。秘书处设在英国。

——TC85/SC6 反应堆技术分技术委员会，下设 3 个工作组。该分技术委员会主要从事核电厂和研究堆领域的标准化。联合秘书处设在德国和中国。

ISO/TC85 下设分委会及工作组详见表 2-1。

表 2-1 ISO/TC85 下设分委会及工作组

ISO/TC85 核能、核技术与辐射防护技术委员会（Nuclear energy，nuclear technologies，and radiological protection）	
AG	核安全顾问组（Nuclear Safety Advisory Group）
CAG	主席顾问组（Chair's Advisory Group）
WG1	术语（Terminology）
WG3	辐射加工剂量测量（Dosimetry for radiation processing）
SC2 辐射防护分委会（Radiological protection）	
WG2	标准辐射场（Reference radiations fields）
WG13	内照射的监测和剂量测定（Monitoring and dosimetry for internal exposure）
WG14	空气控制和监测（Air control and monitoring）
WG17	辐射测量（Radioactivity measurements）
WG18	生物学剂量测定（Biological and physical retrospective dosimetry）
WG19	外照射的个人监测（Individual monitoring of external radiation）
WG20	放射性物质的非法运输（Illicit trafficking in radioactive material）
WG21	民用航空器宇宙射线照射剂量测定（Dosimetry for exposures to cosmic radiation in civilian aircraft）
WG22	电离辐射医学应用中的剂量测定及相关原则（Dosimetry and related protocols in medical applications of ionizing radiation）
WG23	防护电离辐射的屏蔽和密封系统（Shielding and confinement systems for protection against ionizing radiation）
WG25	核/辐射紧急情况下对人和反应者的辐射监测（Radiation monitoring of the population and responders in nuclear/radiological emergencies）
SC5 核装置、工艺与技术分委会（Nuclear installations，processes and technologies）	
WG1	核燃料循环分析方法（Analytical methodology in the nuclear fuel cycle）
WG4	放射性物质运输（Transportation of radioactive material）

续表

WG5	特性鉴定和废物管理（Characterization and waste management）
WG8	核临界安全（Nuclear criticality safety）
WG13	退役：去污、拆解和恢复（Decommissioning：decontamination，dismantling and remediation）
SC6 反应堆技术分委会（Reactor technology）	
WG1	动力堆分析和测量（Power reactor analyses and measurements）
WG2	研究堆、试验堆和同位素生产反应堆（Research，test and isotope-production reactors）
WG3	动力堆选址、设计、建造、运行和退役（Power reactor，siting，design，construction，operation，and decommissioning）

ISO/TC85 认为提高安全性是行业的关键目标，而提高有助于安全的产品和服务的质量是实现这一目标的必要条件。虽然核工业重大事故很少见，但其是具有高风险性质的行业，事故一旦发生，后果将不堪设想，这使得核工业成为一个受到高度监管的行业，需要严苛的安全措施来确保设施、人员和环境的安全。这包括供应链中对行业安全重要的产品和服务相关人员的安全和质量管控要求。因此，TC85 制定了一系列标准，以确保核工业的设施和技术能够达到国际要求，并保证核工业活动的安全可靠和可持续性。ISO 核工业标准体系涵盖了许多方面，包括核电厂的设计、建造、运营和维护，以及核废料管理、核安全和辐射防护等。ISO 核工业标准是国际公认的标准，为行业提供了国际通用的标准化方案，促进核工业领域的技术和管理方法的不断进步，得到了全球核工业领域的广泛认可与推广，被广泛应用于全球的核工业领域，包括核电厂、核燃料生产、核废料管理、核医学和工业放射性应用等。ISO 核工业标准的发展趋势主要涉及安全标准的更新，加强对核工业事故应急、事故管理和应急响应的规定，提高核工业安全管理的整体水平；适应新技术和新应用的需求，例如新型核反应堆技术的研发，需要制定相应的标准来规范设计、建造、运营和维护等方面。

总体上，ISO 发布的核工业标准数量并不少，截至 2023 年 3 月，ISO/TC85 共发布标准 256 项，覆盖核能安全、放射性废物管理、核电厂全寿期等。此外，ISO 的一些其他领域标准也可用于核工业，如：ISO 9001《质量管理体系标准》、ISO 14001《环境管理体系标准》、ISO 17025《实验室的能力验证和质量保证标准》、ISO 31000《风险管理标准》。

（二）国际电工委员会

国际电工委员会（IEC）成立于 1906 年，是世界上最早制定和发布电工电子标准的非政府国际组织，现有 173 个成员国。我国于 1957 年加入 IEC。IEC 希望建立更安全、更高效的世界，致力于在全球范围内推广使用 IEC 国际标准和合格评定的系统，以确保电气、电子和信息技术的安全性、效率、可靠性和互操作性，加强国际贸易，促进广泛的电力供应，并实现更可持续发展的世界。IEC 对未来规划为三个主题和九个目标：

——实现数字化和全电气化社会：1）为安全可靠的数字社会制定标准和合格评定解决方案；2）开发和部署可满足不断变化的市场和成员需求的 SMART 标准和合格评定；3）加强 IEC 标准和合格评定的作用，以建立全电气化和时时互联的社会。

——促进可持续发展的世界：1）通过 IEC 标准和合格评定建立一个高效、安全和可持续发展的世界；2）为净零排放、循环经济和可持续发展提供解决方案和服务，以实现联合国可持续发展目标；3）倡导能源效率、可再生能源转型和下一代电力系统。

——引领信任、包容和协作：1）与合作伙伴和利益相关者合作，加强可持续的全球电工贸易，增加 IEC 标准和合格评定服务的使用和影响；2）嵌入良好的治理和最佳实践，以加强组织卓越性并满足利益相关者的需求；3）建设包容、多元化、创新和敏捷的组织。

截至 2023 年 7 月，IEC 有 112 个技术委员会（TC）、102 个分技术委员会（SC）、752 个工作组（WG）、197 个项目组（PT）和 682 个维护组（MT）。其中，TC45 负责制定与核专用仪器仪表的电气和电子设备和系统相关的国际标准。

TC45 秘书处下设两个直属工作组，两个分技术委员会，分别为：

——TC45/WG1：分级与术语；

——TC45/WG9：辐射探测和系统；

——TC45/SC45A：核设备仪控分技术委员会。主要负责制定适用于核设施（核电厂、燃料处理和加工厂、乏燃料和核废料的临时和最终处置厂）中使用的电子、电气功能以及相关的系统、设备标准，以提高效率和安全性。这些标准涵盖仪表、控制和电力系统从概念到设计、制造、测试、安装、调试、操作、维护、老化管理、现代化和退役的整个生命周期。TC45/SC45A 秘书处设在法国，有 8 个工作组：

WG A2：传感和测量技术；

WG A3：仪表和控制系统：结构和系统特定外观；

WG A5：特殊工艺测量和辐射监测；

WG A7：仪表、控制和电气的功能和安全基本原则；

WG A8：控制室、人机界面和人因工程；

WG A9：系统性能和对外部压力的鲁棒性；

WG A10：核电厂仪表、控制和电力系统老化管理；

WG A11：电力系统：结构和系统特定方面。

——TC45/SC45B：辐射防护仪器分技术委员会。主要负责制定以下用途的辐射防护仪器领域的标准：出于辐射防护目的测量工作场所、公众和环境中的电离辐射；非法贩运放射性核素的检测和鉴定；基于辐射的安全检查等。TC45/SC45B 秘书处设在法国，有 7 个工作组：

WG B5：环境辐射测量；

WG B8：有源袖珍和便携式剂量（率）计和监视器以及无源剂量测定系统；

WG B9：核设施辐射和放射性强度监测设备；

WG B10：氡和氡子体测量仪器；

WG B15：使用光谱仪、个人电子剂量仪和便携式剂量率仪对违法交易监控的仪器；

WG B16：污染测量仪和监视器；

WG B17：使用辐射有源探测的安全检查系统。

IEC/TC45 近 5 年的战略目标包括：1）持续关注并了解来自如国际原子能机构（IAEA）等国际核领域监管机构提出的技术需求、标准制修订情况和建议；2）持续关注所有由国家或地区组织、机构制修订核领域重要标准的发展情况，与如美国的 IEEE（电气与电子工程师协会）等联合制定 IEC 标准；3）制定各国可共同使用的与核材料和放射性材料不扩散和非法贩运有关的标准；4）计划在 2024 年，分析福岛核事故经验和教训，并制修订标准。到目前为止，IEC/TC45 已发布标准 203 项，如表 2-2 所示。

表 2-2　IEC 标准制修订数量统计

委员会	已发布标准	正在制修订标准
TC45	34	3
SC45A	106	18
SC45B	63	9
合计	203	30

二、ISO 和 IEC 的专利政策

ISO、IEC、ITU 基本上执行相同的标准与专利融合政策。如果技术理由可以证明引用专利项目的合理性，即这些标准的条款中没有其他的符合性方法可供选择，ISO 和 IEC 原则上不反对制定含专利的国际标准。ISO 和 IEC 对标准与专利融合给出了指导方针和建议，以帮助各方更好地理解和实施，确保制定的标准不侵犯任何人的知识产权，并鼓励知识产权持有人以公平、合理和非歧视的方式授权其专利，以促进技术创新和市场竞争。ISO 和 IEC 还规定了一些具体的程序和流程，以确保标准制定过程中知识产权的合理处理，如所有参与标准制定的相关方必须披露相关的知识产权，并同意以公平、

合理和非歧视的条件授权这些知识产权。总的来说，ISO 和 IEC 的标准与专利融合制度旨在确保制定的标准不侵犯任何人的知识产权，并促进技术创新和市场竞争；强调“FRAND”原则（公平、合理和非歧视）的重要性；强调知识产权持有人和标准制定者之间的沟通和合作的重要性，以便更好地协调双方的利益，并促进技术创新和市场竞争。这些指导方针和建议旨在促进标准化和知识产权之间的合作，以确保技术创新和市场竞争的可持续性和公平性。

（一）ITU-T/ITU-R/ISO/IEC 共同专利政策

ITU、ISO、IEC 于 2006 年共同发布了《ITU-T/ITU-R/ISO/IEC 共同专利政策》。政策为其自身的技术机构和参与者在遇到专利问题时提供简单明了的实用指导。总体上，指出了两个基本原则。其一，鉴于标准（泛指标准化文件）制定的目标是确保标准在全球范围内的兼容性以及确保每个人都可以使用标准，因此，标准中包含的专利必须是每个人都可以获取，且没有不当限制。其二，三大组织的标准由技术专家而非专利专家起草，他们不一定非常熟悉专利的国际法律复杂状况，因此专利许可、专利使用费等具体安排留给专利持有者等有关各方去协商，因为这些可能因情况而异。

该政策可概括如下：

——ITU、ISO、IEC 无法提供有关专利或类似权利的证据、有效性或范围的权威或全面信息，但最好可以针对可用信息进行充分披露。在标准制定过程中任何阶段，标准草案的接收者从一开始就应注意任何已知的专利或正在处理的专利申请。虽然在制定标准草案之初很难实现这一目标，但仍应尽最大可能提供相关信息。尽早披露和标识那些可能与正在制定的标准文本有关的专利，提高标准制定效率，避免潜在的专利问题。任何利益相关方均可提请 ISO/IEC 披露任何已知的专利，不论该专利是自己的还是第三方的。

ISO/IEC 制定期间形成的任何文件（包括所有提交讨论的草案）均应注明有无包括专利内容。

——如果标准披露了专利信息，则可能会出现三种不同的情况：1）专利持有人愿意在合理的条款和条件下，在公平、无歧视的基础上与其他各方协商免费使用专利。此类谈判由各有关方进行，并在 ITU-T/ITU-R/ISO/IEC 之外进行。2）专利持有人愿意在合理的条款和条件下，在公平、无歧视的基础上与其他各方协商专利许可。此类谈判由有关各方进行，并在 ITU-T/ITU-R/ISO/IEC 之外进行。3）专利持有人不愿意遵守上述两种情况的规定，此时，标准不应包括涉及专利的条款。

——无论适用上述的何种情况，专利持有人必须使用适当的“专利陈述和许可声明表”提供书面陈述，分别向 ITU、ISO 或 IEC 备案。除了“专利陈述和许可声明表”中规定的内容外，不得再包含附加条款、条件。

——全部或部分纳入可交付文件的专利必须让每个人都能容易获取，没有设置不当的限制。ISO/IEC 一般不提供有关涉及专利或类似专利的证据、有效性范围的权威性或综合性信息；不介入有关可交付使用的文件的专利相关性或必要性评价，不干涉专利许可谈判，不参与解决关于专利的争端。与专利有关的详细安排（如专利许可、专利使用费等）都留给相关方处理。

（二）ITU/ISO/IEC 共同专利政策实施指南

ISO/IEC 考虑到技术专家通常不熟悉与专利相关的国际法状况，为指导其技术机构参与者解决标准制定过程中遇到专利权问题，于 2007 年，ITU、ISO、IEC 于 2007 年共同发布了《ITU-T/ITU-R/ISO/IEC 共同专利政策实施指南》，此后经历了 2012 年、2015 年、2018 年三次修订。

该指南除了对共同专利政策中可能有争议的名词进行了解释、对专利信息的披露提出了要求之外，其操作部分采用核查表的形式，内容包括了可交付使用的文件要求完全、部分使用或实施专利许可时可能出现的三种不同情况。指南在附件中给出了 ISO/IEC 可交付使用的文件的专利陈述和许可声明表，对标准必要专利持有人提交的信息内容进行了明确规定，具体包括专利持有人名称、地址、联系方式、标准必要专利号、许可模式等信息。

该指南要求任何一方应在诚信和尽可能的基础上提供专利相关信息，在参与标准制定中应尽早提请 ITU、ISO、IEC 注意已知的专利和正在申请的专利，以期寻找技术标准包含专利和用户利益的平衡点，实现所有权和共享知识产权的平衡。尽管三大国际标准组织在持续完善专利政策，但随着国际标准和专利的结合越来越紧密，涉及的知识产权问题也越来越复杂。目前仍存在不少问题，如在专利许可申明表中未涉及权利要求内容、合理无歧视的原则也存在一定的模糊性、专利转移时专利权人的义务未得到监督等。

（三）专利信息数据库

为提高标准制定过程的透明度，ISO、IEC 和 ITU 都提供一个向公众开放的专利信息数据库。专利信息数据库可能包含特定专利信息，或可能仅包含针对某个具体建议书/可交付件符合专利政策的陈述。2000 至 2022 年间，ISO 专利数据库披露的标准必要专利数量约 2 100 余件，其中信息技术相关专利数量占比近 80%，尚未见与核有关的标准必要专利。从表 2-3 可以看出，美国在三大标准组织中的标准必要专利数量均名列首位，具有绝对优势。芬兰、日本、韩国、德国、法国、荷兰等国家在三大标准组织中均披露了大量标准必要专利。其中，芬兰在 ITU 和 ISO 中的标准必要专利仅次于美国，位居第二。亚洲地区日韩两国表现不俗，在三大标准组织中的标准必要专利积累均较多。韩国在 ITU、ISO 和 IEC 中的标准必要专利数量分别为 152、323、50 件；而中国为 127 件、16 件和 20 件。

表 2-3　三大标准组织中各国（地区）标准必要专利情况

国家	ITU	ISO	IEC	总计
美国	2 091	1 671	306	4 068
芬兰	1 338	935	46	2 319
日本	612	901	143	1 656
法国	304	380	28	712
韩国	152	323	50	525
德国	221	199	70	490
瑞典	254	18	18	290
荷兰	189	71	25	285
加拿大	165	12	8	185
澳大利亚	2	156	24	182
中国	127	16	20	163
英国	65	36	8	109
以色列	72	6	2	80
瑞士	9	34	9	52
意大利	18	12	3	33
挪威	12	20	1	33
新加坡	0	25	1	26
比利时	2	12	0	14
西班牙	6	0	3	9
爱尔兰	1	2	2	5
印度	5	0	0	5
中国台湾	1	1	2	4
南非	0	4	0	4
俄罗斯	1	0	0	1

由于 ISO/IEC 不核实专利信息的真实性或准确性，也不核实所确定的专利/专利申请与标准的相关性，仅反映已经传递给 ISO、IEC 和 ITU 的信息，

因此，ISO/IEC 网站所提供的标准必要专利信息表内容存在部分信息缺失、规范性差、错误率较高等问题。

第二节　国家标准和行业标准的专利政策

一、核工业相关的全国和行业标准组织

核工业的国家标准和行业标准都属于政府主导制定的标准，前者由国家标准委等部门组织制定，后者由相关国务院行政主管部门组织制定。负责制定核工业国家标准的标准化技术委员会主要包括全国核仪器仪表标准化技术委员会、全国核能标准化技术委员会、全国核安全标准化技术委员会。负责制定核工业行业标准的标准化技术委员会主要包括核行业标准化技术委员会、能源行业核电标准化技术委员会。

（一）全国核仪器仪表标准化技术委员会

全国核仪器仪表标准化技术委员会（SAC/TC30）于 1983 年 7 月由 SAC 批准成立，主要负责全国核仪器仪表等专业领域标准化工作，同时也是 IEC/TC30 国内技术对口组织，承担 IEC/TC45 及其分技术委员会国内事项的专家咨询工作。TC30 的前身“IEC/TC45 中国委员会”早在 1979 年已开始标准化活动。秘书处设在核工业标准化研究所。

SAC/TC30 下设 3 个分技术委员会：

——TC30/SC1 通用核仪器和辐射探测器分技术委员会：负责全国通用核仪器、核探测器、勘探采矿用核仪器、放射性同位素应用仪器等专业领域标准化工作。对应 IEC/TC45 的工作。

——TC30/SC2 反应堆仪表分技术委员会：负责全国核反应堆及核电厂的核测量系统、控制系统、安全系统、安全级电力系统、事故监测系统和破损组件探测定位系统等专业领域标准化工作。对应 IEC/TC45A 的工作。

——TC30/SC3 辐射防护仪器分技术委员会：负责全国环境辐射监测、核设施厂区内外监测、人员监测和核设施排出物监测等所用设备和系统等专业领域标准化工作。对应 IEC/TC45B 的工作。

截至 2022 年年底，TC58 现行有效国家标准 128 项。

（二）全国核能标准化技术委员会

全国核能标准化技术委员会（SAC/TC58）于 1983 年 7 月由 SAC 批准成立，主要负责全国核能包括核能名词术语、辐射防护、反应堆技术、放射性同位素和核燃料技术等专业领域标准化工作。秘书处设在核工业标准化研究所。

SAC/TC58 下设五个分技术委员会：

——TC58/SC2 辐射防护分技术委员会：负责全国辐射安全与相关核安全等专业领域标准化工作。对应 ISO/85/SC2 的工作。

——TC58/SC3 反应堆技术分技术委员会：负责全国反应堆安全法规、安全导则、管理导则、通用基础标准、核反应堆系统设计与建造标准、核反应堆系统调试、运行、维修、设备在役检查和退役规范等专业领域标准化工作。对应 ISO/85/SC6 的工作。

——TC58/SC4 放射性同位素分技术委员会：负责全国放射性同位素的一般通用基础标准、质量管理标准、安全标准、包装、运输、储存标准及放射性安全检验、分析测量标准等专业领域标准化工作。

——TC58/SC5 核燃料技术分技术委员会：负责全国核燃料技术包括核燃料循环设施的核安全法规，导则；核燃料产品及配套标准、热核材料及配套标准、放射性废物处理的有关工艺规定及标准、与核燃料有关的其他材料的标准、核燃料系统的民品产品及其配套标准、核燃料产品的主要设备标准等专业领域标准化工作。对应 ISO/85/SC5 的工作。

——TC58/SC6 核聚变分技术委员会：负责核聚变反应堆安全导则、通用基础、系统设计、设备、建造、调试、运行和退役等专业标准化技术归口工作。

截至 2022 年年底，TC58 现行有效国家标准 188 项。

（三）全国核安全标准化技术委员会

全国核安全标准化技术委员会（SAC/TC589）于 2021 年由 SAC 批准成立，负责核动力厂安全、研究堆安全、核燃料循环设施安全、核材料安全、放射性废物安全等领域国家标准制修订工作。秘书处由生态环境部核与辐射安全中心和核工业标准化研究所联合承担。

目前 TC589 尚未发布标准。

（四）核行业标准化技术委员会

核行业标准化技术委员会于 2015 年由国家国防科工局批准成立，主要负责核燃料循环、核仪器仪表与设备、核技术应用、反应堆技术、核设施退役与射性废物治理等领域核行业标准的制修订工作。秘书处设在核工业标准化研究所。

截至 2022 年年底，核行业标准化技术委员会共发布中文版核行业标准（标准号 EJ）1 277 项，英文版标准 61 项。

（五）能源行业核电标准化技术委员会

能源行业核电标准化技术委员会（NEA/TC2）于 2010 年由国家能源局批准成立，主要负责承担核电行业领域内标准送审稿的审查，对标准的技术内容负责，并提出审查结论，确保标准的质量；协助对行业标准项目任务书进行审查或提供咨询意见；开展核电领域内标准化工作发展方向、标准体系、标准化长远规划的研究；提出核电行业领域内标准的宣传贯彻等方面的建议；参与核电行业领域内现行标准的复审工作；开展核电行业领域内标准化工作的学术和经验交流活动等。联合秘书处设在中国核电发展中心、核工业标准化研究所、上海核工程研究设计院有限公司、苏州热工研究院有限公司、华能核能研究院有限公司等 5 家单位。

NEA/TC2 共设工程经济、前期工作、辐射防护与核应急、工程总体设计与核安全、核燃料组件、核岛仪控电系统和设备、核岛机械系统和设备、建安、调试、运行等 12 个专业工作组。

截至 2022 年底，NEA/TC2 共发布中文版能源行业核电标准（标准号 NB）995 项，英文版标准 96 项。

二、全国和行业标准组织的专利政策

鉴于我国的标准化管理体制，国家标准和行业标准都属于政府主导制定的标准，均遵照执行国家有关规定以及国家市场监督管理总局（国家标准委）的有关规定，各标准化技术委员会并不提出其他要求。

对于国家标准，国家市场监督管理总局（国家标准委）制定了数个相关制度文件以规范标准涉及专利的若干关键问题，但并不鼓励大量涉及专利，且制定的制度以原则性要求为主。其中，《国家标准管理办法》《强制性国家标准管理办法》规定了国家标准涉及专利应是确属必要；《国家标准涉及专利的管理规定（暂行）》进一步规定了专利信息的披露、专利实施许可、强制性国家标准涉及专利的特殊规定等几个要素的原则性要求；GB/T 20003.1《标准制定的特殊程序 第 1 部分：涉及专利的标准》则进一步规定了专利如何写入标准的程序性问题；《关于禁止滥用知识产权排除、限制竞争行为的规定》则对标准必要专利提出了反垄断规则。

对于行业标准，主管行业标准的相关部委很少有其他补充规定，即行业标准基本上参照国家标准的相关政策和要求。（《国家标准涉及专利的管理规定（暂行）》第二十二条规定“制修订行业标准和地方标准中涉及专利的，可以参照适用本规定”）

（一）《国家标准管理办法》

新版《国家标准管理办法》由国家市场监督管理总局发布，并于 2023

年 3 月 1 日正式实施。该《办法》明确了国家标准涉及专利的处理原则，指出：

——国家标准一般不涉及专利。国家标准中涉及的专利应当是实施该标准必不可少的专利，其管理按照国家标准涉及专利的有关管理规定执行。

——标准的编制说明中应包括“涉及专利的有关说明”。

对于强制性国家标准，国家市场监督管理总局制定的《强制性国家标准管理办法》亦有同样的规定。该办法 2020 年 6 月 1 日起施行。

（二）《国家标准涉及专利的管理规定（暂行）》

为了落实《国家标准管理办法》《强制性国家标准管理办法》的要求，进一步规范标准涉及专利的相关问题，2013 年，国家标准委联合国家知识产权局制定了《国家标准涉及专利的管理规定（暂行）》（简称《管理规定》）并于 2014 年 1 月 1 日起施行。

《管理规定》涵盖专利信息的披露、三种专利实施许可项、强制性国家标准涉及专利的特殊规定等内容，是标准与专利融合相关规定中最具有针对性的一个文件，适用于在制修订和实施国家标准过程中对国家标准涉及专利问题的处置。《国家标准涉及专利的管理规定（暂行）》与《ITU-T/ITU-R/ISO/IEC 共同专利政策》《ITU-T/ITU-R/ISO/IEC 共同专利政策实施指南》等国际规则高度一致，并考虑了我国标准分为强制性标准和推荐性标准两类的特点。

1. 基本原则

平衡各方利益。根据《管理规定》“总则”第一条，有关标准化相关知识产权的规制是“为规范国家标准管理工作，鼓励创新和技术进步，促进国家标准合理采用新技术，保护社会公众和专利权人及相关权利人的合法权益，保障国家标准的有效实施”。这一基本原则充分兼顾了国家、公众和权利人三方的核心利益，即，国家利益（促进国家标准合理采用包括专利技术在内的新技术）、公众利益（保障国家标准的可获性及有效实施）和权利人的合法权利（根据 FRAND 条件收费许可）。

明确适用范围。根据《管理规定》“总则”第二条：该规定仅“适用于在制修订和实施过程中对国家标准涉及专利问题的处置”。首先，根据管理规定“附则”第十七条：“国家标准中所涉及专利的实施许可及许可使用费问题，由标准使用人与专利权人或者专利申请人依据专利权人或者专利申请人作出的专利实施许可声明协商解决。”按此，标准组织将不干预专利权利人与任何被许可方的许可协议谈判。这与国际标准组织的一贯做法相一致。其次，根据《管理规定》“附则”第十八条，“等同采取国际标准组织和国际电工委员会的国际标准制修订的国家标准，该国际标准中所涉及专利的实施许可声明同样适用于国家标准。”这样，该规定的适用范围也就“等同”采用 ISO/IEC 标准的情况下扩大到一定范围的国际标准。再次，根据《管理规定》“附则”第二十二条，“制修订行业标准和地方标准中涉及专利的，可以参照适用本规定”。这虽是各行业各地标准化涉及专利的任择条款，但因《管理规定》是我国标准化工作和知识产权工作主管部门的行政规章，故在很大程度将扩大至全国各类标准化程序，进而起到协调、统一全国的标准化相关专利问题的处置工作的作用。

限定专利范围。根据《管理规定》“总则”第三条、第四条，我国标准化涉及的专利“包括有效的专利和专利申请”；“国家标准中涉及的专利应当是必要专利，即实施该项标准必不可少的专利”。其中“有效的专利”既包括依据我国《专利法》第四十二条、四十三条，在发明专利的 20 年期限，实用新型和外观设计专利的 10 年期限内缴纳年费维持的有效专利问题，也涉及复杂的程序。参照国际标准组织不负责证实所涉专利有效性的政策，《管理规定》第五条、第六条明确：无论标准化参与方或非参与方均自行“对所提供证明材料的真实性负责”。在这样的情况下，凡被纳入国家标准的专利均假定为“有效专利”，至于在具体许可谈判标准化专利时可能发生的对专利有效性之异议，均由当事方根据《专利法》第五章关于宣告专利无效程序，由国家知识产权局专利复审委员会审理解决。关于“必要专利”的界定与前述三大国际标准组织的定义完全一致。同样，与国际标准组织的政策一致，国家标准委也不负责主动地认定专利的“必要性”。根据《管理规定》第五条、第六条，标准化参与方应当尽早披露和鼓励非参与方披露必要的专利信息。总之，我国标准涉及的专利范围仅限于法律地位上“有效”，并对标准化而言不可缺少的“必要”专利。

值得注意的是，《管理规定》第四章“强制性国家标准涉及专利的特殊规定”，其一，通常作为涉及公共或食品安全之类技术法规的“强制性国家标准一般不涉及专利”（第十四条），因而原则上排除了技术法规纳入专利的可能性；其二，确有必要纳入，也可例外适用，并在相关专利权人或申请人拒绝免费或收费许可的情况下，由国家知识产权局依据《专利法》第六章“专利实施的强制许可”规定及有关实施规则处置。这是与国际标准组织相关政策截然不同的特殊规定。

2. 专利的信息披露

《管理规定》第二章“专利信息的披露”，参与方负有法律上的义务及时、充分地向标准化相关机构（具体为全国专业标准化委员会及相应归口单位）“披露其拥有和知悉的必要专利，同时提供有关专利信息及相应证明材料，并对所提供证明材料的真实性负责”。同时，也鼓励没有参与国家标准制修订的组织或者个人在标准制修订的任何阶段披露其拥有和知悉的必要专利。

《管理规定》对参与方施加了严格的法律义务及未履行义务而承担的法律责任，即，“未按要求披露其拥有的专利，违反诚实信用原则的，应当承担相应的法律责任”（第五条）。由于“诚实信用原则”是一项民法基本原则，适用于在我国的合同关系中，因此，这一规定直接将标准化中参与方以披露其专利信息，换取标准化机构将其专利纳入标准这一回报，等同于合同关系。一旦发生参与方“应当承担相应的法律责任”之情况，标准化机构可能诉诸法律程序予以追究。这样，标准化机构就可能最终卷入仲裁或诉讼。相比参与方应负的法律责任，非参与方在愿意披露有关专利信息时也负有及时、充分披露的义务（第六条），但无须如同参与方那样“应当承担相应的法律责任”。

根据《管理规定》第七条、第八条，标准化机构负有与专利信息披露有关的两项职责：全国专业标准化委员会及相应归口单位“应当将其获得的专利信息尽早报送”国家标准委，国家标准委“应当在涉及专利或者可能涉及专利的国家标准批准发布前，对标准草案全文和已知的专利信息进行公示，公示期为 30 天”。相比国际标准化组织，我国没有主动通知有关参与方或调查有关专利信息的职责，即便在制修订技术法规时，例外纳入必要专利的情况下，似乎也没有依职权调查的职责，只是公示期延长为60天。

在专利信息披露方面，规定在国家标准制修订的任何阶段，参与标准制修订的组织或者个人应当尽早向相关全国专业标准化技术委员会或者归口单位披露其拥有和知悉的必要专利，同时提供有关专利信息及相应证明材料，并对所提供证明材料的真实性负责。

3. 专利实施许可

《管理规定》要求专利权人或者专利申请人应当作出专利实施许可声明，在公平、合理、无歧视基础上，免费或者收费许可任何组织或者个人在实施该国家标准时实施其专利，也可以不同意专利实施许可。若没有获得专利权人或者专利申请人的同意许可声明，国家标准中就不得涉及该专利，强制性的国家标准则另行商定。若在标准发布后存在未许可的问题，则要么补充许可声明要么废止或修订该标准。具体内容如下：

——国家标准在制修订过程中涉及专利的，全国专业标准化技术委员会或者归口单位应当及时要求专利权人或者专利申请人作出专利实施许可声明。该声明应当由专利权人或者专利申请人在以下三项内容中选择一项：

1）专利权人或者专利申请人同意在公平、合理、无歧视基础上，免费许可任何组织或者个人在实施该国家标准时实施其专利。

2）专利权人或者专利申请人同意在公平、合理、无歧视基础上，收费许可任何组织或者个人在实施该国家标准时实施其专利。

3）专利权人或者专利申请人不同意按照以上两种方式进行专利实施许可。

——除强制性国家标准外，未获得专利权人或者专利申请人根据第九条第一项或者第二项规定作出的专利实施许可声明的，国家标准不得包括基于该专利的条款。

——涉及专利的国家标准草案报批时，全国专业标准化技术委员会或者归口单位应当同时向国家标准委提交专利信息、证明材料和专利实施许可声明。除强制性国家标准外，涉及专利但未获得专利权人或者专利申请人根据第九条第一项或者第二项规定作出的专利实施许可声明的，国家标准草案不予批准发布。

——国家标准发布后，发现标准涉及专利但没有专利实施许可声明的，国家标准委应当责成全国专业标准化技术委员会或者归口单位在规定时间内获得专利权人或者专利申请人作出的专利实施许可声明，并提交国家标准委。除强制性国家标准外，未能在规定时间内获得专利权人或者专利申请人根据第九条第一项或者第二项规定作出的专利实施许可声明的，国家标准委可以视情况暂停实施该国家标准，并责成相应的全国专业标准化技术委员会或者归口单位修订该标准。

——对于已经向全国专业标准化技术委员会或者归口单位提交实施许可声明的专利，专利权人或者专利申请人转让或者转移该专利时，应当事先告知受让人该专利实施许可声明的内容，并保证受让人同意受该专利实施许可声明的约束。

上述规定与国外相比，相同之处在于，我国也明确提出了 FRAND 原则，要求专利权人或者专利申请人作出专利与国际标准组织要求一致的三种实施许可声明，同时也参照欧盟要求承诺 FRAND 许可的专利权人在转移其专利时，还须履行两项义务：“应当事先告知受让人该专利实施许可声明的内容”；“并保证受让人同意受该专利实施许可声明的约束”。不同之处在于，欧盟的政策目标明确相关 IPR 权利人的知识产权投资应获得“足够和公平的回报”，在具体设计声明表及指南时充分兼顾了平衡目标；相比之下，我国对权利人合法权益的关注有所欠缺，有待于今后进一步的完善。

4. 强制性国家标准涉及专利的特殊规定

强制性国家标准一般不涉及专利。强制性国家标准确有必要涉及专利，且专利权人或者专利申请人拒绝作出《管理规定》中规定的专利实施许可声明的，应当由国家标准委、国家知识产权局及相关部门和专利权人或者专利申请人协商专利处置办法。《管理规定》称，涉及专利或者可能涉及专利的强制性国家标准批准发布前，国家标准委应当对标准草案全文和已知的专利信息进行公示，公示期为 30 天；依申请，公示期可以延长至 60 天。任何组织或者个人可以将其知悉的其他专利信息书面通知国家标准委。

对于专利权人或者专利申请人拒绝作出专利实施许可声明的情况，该规定主要依据《中华人民共和国专利法》的相关规定。《专利法》在“专利实施的强制许可”一章中规定“在国家出现紧急状态或者非常情况时，或者为了公共利益的目的，国务院专利行政部门可以给予实施发明专利或者实用新型专利的强制许可”。因此，在特殊情况下，行政管理部门通过公共标准强制推行专利技术是可能的、合法的。

5. 许可使用费

国家标准中所涉及专利的实施许可及许可使用费问题，由标准使用人与专利权人或者专利申请人依据专利权人或者专利申请人作出的专利实施许可声明协商处理。

6. 其他规定

《管理规定》对于等同采用国际标准化组织和国际电工委员会的国际标准制修订的国家标准，该国际标准中所涉及专利的实施许可声明同样适用于国家标准。

对于在制修订国家标准过程中引用涉及专利的标准的，要求按照该《规定》第三章“专利实施许可”的做法重新要求专利权人或者专利申请人作出专利实施许可声明。

（三）GB/T 20003.1《标准制定的特殊程序 第 1 部分：涉及专利的标准》

2014 年，国家标准委发布了 GB/T 20003.1—2014《标准制定的特殊程序 第 1 部分：涉及专利的标准》，对国家标准制修订涉及的专利的信息披露和专利实施许可声明的具体程序进行了规定。GB/T 20003.1 被《国家标准涉及专利的管理规定（暂行）》引用，具备与后者等同的效力。

GB/T 20003.1 是《国家标准涉及专利的管理规定（暂行）》的实施细则，旨在统一规范涉及专利的标准制修订规则，保护社会公众和专利权人及相关权利人的合法权益，保障涉及专利的标准制修订工作的公开、透明。GB/T 20003.1 规定了标准制定和修订过程中涉及专利问题的处置要求和特殊程序，使标准、知识产权以及司法方面的政策有机结合。程序正确是结果正确的基础，“专利标准化”主要依据该标准来实施。

GB/T 20003.1 明确了必要专利 7 个方面的处置要求，包括必要专利信息的披露、必要专利实施许可声明、相关信息的公布、会议要求、文件要求、以国际标准或国外标准为基础制修订国家标准、引用涉及专利的标准。程序方面，对于涉及专利的标准，详细规定了在标准制修订的 8 个阶段，即预研阶段、立项阶段、起草阶段、征求意见阶段、审查阶段、批准阶段、出版阶段和复审阶段，在一般标准的要求之外，各相关方（项目提案方、标准起草工作组、专利权人或专利申请人、其他组织和个人、全国专业标准化技术委员会或归口单位、全国专业标准化技术委员会的委员和国家标准化行政主管部门等）需要特别履行的手续，对应前述 7 个方面的处置要求。

如某项标准发布后，才发现有未披露的专利及无专利实施许可声明的，GB/T 20003.1 也规定了相应的处置办法。GB/T 20003.1 的附录还给出了处置涉及专利所使用的表格格式。

1. 必要专利信息的披露

参与标准制修订的组织或个人应尽早向相关全国专业标准化技术委员会或归口单位披露自身及关联者拥有的必要专利，宜尽早披露其所知悉的他人（方）拥有的必要专利。参与的组织或个人包括项目提案方、工作组的所有成员、全国专业标准化技术委员会的委员、提供技术建议的单位或个人等。

鼓励没有参与国家标准制修订的组织或者个人在标准制修订过程中尽早披露其拥有和知悉的必要专利。

在披露必要专利时，应填写必要专利信息披露表，并将必要专利信息披露表与相关证明材料一起提交至所属的全国专业标准化技术委员会或归口单位。已授权专利的证明材料为专利证书复印件或扉页，已公开但尚未授权的专利申请的证明材料为专利公开通知书复印件或扉页，未公开的专利申请的证明材料为专利申请号和申请日期。

2. 必要专利实施许可声明

在作出必要专利实施许可声明时，专利权人或专利申请人应填写必要专利实施许可声明表和/或通用必要专利实施许可声明表。

专利权人或专利申请人在填写必要专利实施许可声明表时，应在以下三种方式中选择一种：1）专利权人或专利申请人同意在公平、合理、无歧视基础上，免费许可任何组织或者个人在实施 该国家标准时实施专利；2）专利权人或专利申请人同意在公平、合理、无歧视基础上，收费许可任何组织或者个人在实施 该国家标准时实施专利；3）专利权人或专利申请人不同意按照以上两种方式进行专利实施许可。

专利权人或专利申请人所作出的必要专利实施许可声明一经提交就不可撤销，直到该标准的相关内容由于标准的修订导致已作出实施许可声明的必要权利要求对于该标准的实施不再是必要的；只有后提交的实施许可声明对标准实施者而言更宽松、更优惠时，才可取代在先的实施许可声明。

专利权人或专利申请人在作出必要专利实施许可声明时，应保证其不会以规避所作出的实施许可声明为目的转让专利权或专利申请权。对于已经向全国专业标准化技术委员会或者归口单位提交实施许可声明的专利，专利权人或专利申请人转让或者转移该专利时，应当事先告知受让人该专利实施许可声明的内容，并保证受让人同意受该专利实施许可声明的约束。

标准制修订或者实施过程中，专利权人或专利申请人应将标准中必要专利的任何信息变更及时通知全国专业标准化技术委员会或归口单位。这些信息包括但不限于专利权或者专利申请权转移，专利申请被驳回、撤回、视为撤回、视为放弃或恢复，专利权无效、终止或恢复等。

3. 相关信息的公布

国家标准化行政主管部门、全国专业标准化技术委员会或归口单位应通过国家标准化行政主管部门网站、全国专业标准化技术委员会网站、国家级期刊等渠道公布标准或标准草案中涉及专利的信息。

公布的相关信息应至少包括涉及了专利的标准或标准草案、已披露的专利清单和全国专业标准化技术委员会或归口单位的联系方式。

已披露的专利清单由全国专业标准化技术委员会或归口单位根据收到的专利信息披露表和必要专利实施许可声明表等填写。已披露的专利清单如有更新，全国专业标准化技术委员会或归口单位应至少在标准制修订过程中的起草阶段和审查阶段结束时，将更新后的已披露的专利清单报送国家标准化行政主管部门。

4. 会议要求

在标准制修订过程中的每次会议期间，会议主持人都应提醒参会者慎重考虑标准草案是否涉及专利，通告标准草案涉及专利的情况和询问参会者是否知悉标准草案涉及的尚未披露的必要专利，并将结果记录在会议纪要中。

5. 文件要求

在工作组讨论稿、征求意见稿、送审稿的封面上应给出征集潜在必要专利的信息。在标准制修订过程中的任何阶段，一旦识别出标准的技术内容涉及了必要专利并进行了相应的处置，应在相关阶段以及其后的所有阶段的标准草案直至正式出版的国家标准的引言中给出相应的说明。如果在标准制修订过程中尚未识别出标准的技术内容涉及专利，应在标准报批稿和正式出版的国家标准的前言中给出相应的说明。封面、引言和前言中与专利有关的内容应与 GB/T 1.1 附录 C 中给出的表述相符合。

6. 以国际标准或国外标准为基础制修订国家标准

等同采用国际标准化组织、国际电工委员会的标准化文件制修订国家标准时，该国际标准化文件中所涉及专利的实施许可声明依然适用于国家标准。在标准制修订过程中，全国专业标准化技术委员会或归口单位只需填写已披露的专利清单，并按照有关规定公布和报送。

修改采用国际标准或国家标准与国际标准的一致性程度为非等效时，以及以其他国际标准组织或国家的标准化文件为基础制定国家标准时，应按照上述规定处置标准中涉及的专利问题。

7. 引用涉及专利的标准

在制修订国家标准过程中规范性引用了涉及专利的标准条款时，应按照同样的规定获得专利权人或专利申请人的实施许可声明。

8. 涉及专利的国家标准制修订的特殊程序

预研阶段主要强调涉及专利信息的披露，包括：

——项目提案方应尽可能广泛地收集项目提案所附的标准建议稿中涉及的必要专利信息，并应按照规定披露自身及关联者拥有的必要专利，宜按照规定披露其所知悉的他人（方）拥有的必要专利。

——项目提案方在向全国专业标准化技术委员会或归口单位提交的项目提案中应包括必要专利信息披露表和证明材料。

——全国专业标准化技术委员会或归口单位在将项目建议书提交全体委员表决时，应同时提交收到的必要专利信息披露表、证明材料和已披露的专利清单（可不填写有关许可的信息）。

——全国专业标准化技术委员会的委员应在规定的截止时间前，按规定披露本人、委员所在单位及其关联者拥有的必要专利，宜按照规定披露其所知悉的他人（方）拥有的必要专利。具体的期限由专业标准化技术委员会或归口单位自行规定。

——全国专业标准化技术委员会或归口单位在向国家标准化行政主管部门上报国家标准项目建议书和标准建议稿时，应同时报送必要专利信息披露表、证明材料和已披露的专利清单（可不填写有关许可的信息）。

立项阶段同样要求国家标准化行政主管部门在对拟立项的国家标准项目进行公示时，应同时公布涉及专利的标准建议稿、已披露的专利清单和全国专业标准化技术委员会或归口单位的联系方式，鼓励组织和个人披露其拥有和知悉的与标准有关的必要专利。

起草阶段除了要求相关方披露必要专利外，还要求标准化技术委员会或归口单位获取实施许可声明，主要包括：

——工作组的所有成员应按规定披露自身及关联者拥有的必要专利，宜按照规定披露其所知悉的他人（方）拥有的必要专利。

——不属于工作组，但向正在制修订的标准提供技术建议的所有单位或个人应按规定披露自身及关联者拥有的必要专利，宜按照规定披露其所知悉的他人拥有的必要专利。

——全国专业标准化技术委员会或归口单位应联系必要专利的专利权人或专利申请人，并按照规定获取专利权人或专利申请人的书面实施许可声明。

——全国专业标准化技术委员会或归口单位应将收到的必要专利信息披露表、证明材料和必要专利实施许可声明表及时通知工作组。

——如果全国专业标准化技术委员会或归口单位在规定的期限内未收到必要专利的专利权人或专利申请人签署的必要专利实施许可声明表，或必要专利的专利权人或专利申请人选择了不符要求的许可方式，则标准草案不应包含基于此项专利技术的条款。具体的期限由专业标准化技术委员会或归口单位自行规定。

——工作组向技术委员会提交的标准草案征求意见材料中应包括必要专利信息披露表、证明材料、已披露的专利清单和必要专利实施许可声明表。

征求意见阶段则鼓励相关方持续披露可能的必要专利，包括：

——涉及专利的国家标准在征求意见时，全国专业标准化技术委员会或归口单位应按规定公布标准相关信息，并注明鼓励组织和个人按规定披露其所拥有和知悉的必要专利。有关组织和个人宜按照规定披露其拥有和知悉的必要专利。

——全国专业标准化技术委员会的委员应在征求意见截止时间前，按规定披露委员本人、委员所在单位及其关联者拥有的与标准征求意见稿内容有关的必要专利，宜按照规定披露其所知悉的他人（方）拥有的必要专利。

——全国专业标准化技术委员会或归口单位对征求意见过程中新收到的必要专利披露信息应按照规定处置。

审查阶段要求全国专业标准化技术委员会或归口单位在对涉及了专利的标准送审稿进行审查时，应采用会议审查的方式。审查内容至少包括：标准是否满足文件要求以及必要专利信息披露表、证明材料、已披露的专利清单和必要专利实施许可声明表的完备性，并给出审查意见。全国专业标准化技术委员会或归口单位向国家标准化行政主管部门提交的标准草案报批材料中应包括必要专利信息披露表、证明材料、已披露的专利清单和必要专利实施许可声明表。

批准阶段要求对必要专利的程序合规性进行审核，包括：

——国家标准化行政主管部门应对必要专利信息披露表、证明材料、已披露的专利清单和必要专利实施许可声明表的完备性，以及处置程序的符合性进行审核。对不符合报批要求的，应退回全国专业标准化技术委员会或归口单位，限时解决问题后再行报批。

——对于符合报批要求的，国家标准化行政主管部门应在该标准发布前按规定公布标准中涉及专利的信息。公示期为 30 天。对于涉及或可能涉及专利的强制性标准，可依申请将其公示期延长至 60 天。任何组织或者个人可按规定向国家标准化行政主管部门披露其知悉的其他必要专利。

——国家标准化行政主管部门应将新收到的必要专利信息及时通知全国专业标准化技术委员会或归口单位。

——在标准批准之前，如果发现了新的必要专利，全国专业标准化技术委员会或归口单位应申请中止标准报批稿的批准程序，并对新披露的必要专利按照规定进行处置，然后再行报批。

出版阶段要求必要专利的信息应在标准的引言中予以说明。

复审阶段要求标准中涉及的专利信息发生变化时，应及时对标准进行复审。在复审过程中，全国专业标准化技术委员会或归口单位应对标准中必要专利的信息进行核实，并根据核实结果确定标准的复审结论。

9. 标准实施中的专利处置

标准发布后，发现标准涉及专利但没有专利实施许可声明的，国家标准化行政主管部门应责成全国专业标准化技术委员会或者归口单位在规定时间内获得专利权人或专利申请人作出的专利实施许可声明，并提交国家标准化行政主管部门。

除强制性国家标准外，未能在规定时间内获得专利权人或专利申请人作出的专利实施许可声明的，国家标准化行政主管部门可以视情况暂停实施该国家标准，并责成相应的全国专业标准化技术委员会或者归口单位修订该标准。

GB/T 20003.1 也给出了标准制定过程中所涉及的专利在进行披露、实施许可声明和公布时所使用的表格格式，包括“必要专利信息披露表（表 2-4）”“必要专利实施许可声明表（表 2-5）”（用于专利权人或专利申请人对具体必要专利进行的实施许可声明）、“通用必要专利实施许可声明表（表 2-6）”（用于专利权人或专利申请人针对某一项标准就其拥有的所有相关必要专利进行的实施许可声明）、“已披露的专利清单（表 2-6）”和表 2-7。

表 2-4　必要专利信息披露表

<table>
<tr><td colspan="6">标准信息</td></tr>
<tr><td colspan="2">□国家标准计划编号/国家标准号</td><td></td><td>项目名称/
国家标准名称</td><td colspan="2"></td></tr>
<tr><td colspan="6">专利披露者信息</td></tr>
<tr><td>个人</td><td>姓名</td><td></td><td>工作单位</td><td colspan="2"></td></tr>
<tr><td>单位</td><td>单位名称</td><td colspan="2"></td><td>联系人</td><td></td></tr>
<tr><td>联系地址</td><td colspan="5"></td></tr>
<tr><td>邮政编码</td><td></td><td>电话</td><td></td><td>电子邮箱</td><td></td></tr>
<tr><td colspan="6">标准中涉及的必要专利信息</td></tr>
<tr><td>序号</td><td>专利申请号/
专利号</td><td>专利名称</td><td>专利申请人/
专利权人</td><td>涉及专利的标准条款（章、条编号）</td><td>是否同意作出实施许可声明</td></tr>
<tr><td></td><td></td><td></td><td></td><td></td><td></td></tr>
<tr><td></td><td></td><td></td><td></td><td></td><td></td></tr>
<tr><td></td><td></td><td></td><td></td><td></td><td></td></tr>
</table>

专利披露者（签字/盖章）：

年　　月　　日

填表说明：专利信息的披露者可为个人或单位，请在表中选择填写。

表 2-5　必要专利实施许可声明表

<table>
<tr><td colspan="4">标准信息</td></tr>
<tr><td>□国家标准计划编号/
□国家标准号</td><td></td><td>项目名称/
国家标准名称</td><td></td></tr>
<tr><td colspan="4">专利权人/专利申请人信息</td></tr>
<tr><td>专利权人/专利申请人的姓名或单位名称</td><td colspan="3"></td></tr>
<tr><td>联系人姓名</td><td></td><td>电话</td><td></td></tr>
<tr><td>邮政编码</td><td></td><td>电子邮箱</td><td></td></tr>
<tr><td>联系地址</td><td colspan="3"></td></tr>
<tr><td colspan="4">必要专利实施许可声明</td></tr>
<tr><td colspan="4">当且仅当下表中的本专利权人或专利申请人专利中的权利要求成为最终发布的国家标准的必要权利要求时，专利权人或专利申请人作出如下实施许可声明：
a）专利权人或专利申请人同意在公平、合理、无歧视基础上，免费许可任何组织或者个人在实施该国家标准时实施专利；
注：专利权人/专利申请人可以在互惠或防御性终止条件下作出上述声明。
b）专利权人或专利申请人同意在公平、合理、无歧视基础上，收费许可任何组织或者个人在实施该国家标准时实施专利；
注：专利权人/专利申请人可以在互惠或防御性终止条件下作出上述声明。
c）专利权人或专利申请人不同意按照以上两种方式进行专利实施许可。</td></tr>
</table>

序号	专利号/ 专利申请号	专利名称	必要权利要求	实施许可声明方式 a）、b）或 c）

专利权人/专利申请人（签字/盖章）：

年　　月　　日

表 2-6　通用必要专利实施许可声明表

标准信息			
□国家标准计划编号/ □国家标准号		项目名称/ 国家标准名称	
专利权人/专利申请人信息			
专利权人/专利 申请人的姓名或名称			
联系人姓名		电话	
邮政编码		电子邮箱	
联系地址			
必要专利实施许可声明			
当且仅当本专利权人/专利申请人专利中的权利要求成为最终发布的国家标准的必要权利要求时，本专利权人/专利申请人作出如下实施许可声明（请在以下三种方式中勾选一种）： □　a）专利权人或专利申请人同意在公平、合理、无歧视基础上，免费许可任何组织或者个人在实施该国家标准时实施专利； 注：专利权人/专利申请人可以在互惠或防御性终止条件下作出上述声明。 □　b）专利权人或专利申请人同意在公平、合理、无歧视基础上，收费许可任何组织或者个人在实施该国家标准时实施专利； 注：专利权人/专利申请人可以在互惠或防御性终止条件下作出上述声明。 □　c）专利权人或专利申请人不同意按照以上两种方式进行专利实施许可。			
专利权人/专利申请人（签字/盖章）： 年　　月　　日			

表 2-7　已披露的专利清单

<table>
<tr><td colspan="7">标准信息</td></tr>
<tr><td colspan="2">国家标准计划编号/
国家标准号</td><td></td><td>项目名称/
国家标准名称</td><td colspan="3"></td></tr>
<tr><td colspan="2">标准所处阶段</td><td colspan="5">□立项　征求意见　审查　批准</td></tr>
<tr><td colspan="7">标准中涉及的专利</td></tr>
<tr><td>序号</td><td>专利申请号/
专利号</td><td>专利申请名称/
专利名称</td><td>专利申请人/
专利权人</td><td>涉及专利的标准条款（章、条编号）</td><td>实施许可声明方式 a）或 b）</td><td>获得实施许可声明日期</td></tr>
<tr><td></td><td></td><td></td><td></td><td></td><td></td><td></td></tr>
<tr><td></td><td></td><td></td><td></td><td></td><td></td><td></td></tr>
<tr><td></td><td></td><td></td><td></td><td></td><td></td><td></td></tr>
</table>

工作组组长（签字）

年　月　日

技术委员会或归口单位（盖章）

年　月　日

（四）GB/T 1.1《标准化工作导则　第 1 部分：标准化文件的结构和起草规则》

GB/T 1.1 规定了对于涉及必要专利的标准在起草时应如何表述有关专利的情况。

1. 专利信息的征集

文件编制各阶段草案的封面显著位置应给出以下内容："在提交反馈意见时，请将您知道的相关专利连同支持性文件一并附上。"

2. 尚未识别出涉及专利

如果编制过程中没有识别出文件的内容涉及专利，那么文件的前言中应给出以下内容："请注意本文件的某些内容可能涉及专利。本文件的发布机构不承担识别专利的责任"。

3. 已经识别出涉及专利

如果编制过程中已经识别出文件的某些内容涉及专利，那么根据具体情况在文件的引言中应说明以下相关内容：

"本文件的发布机构提请注意，声明符合本文件时，可能涉及……［条］……与……［内容］……相关的专利的使用。

本文件的发布机构对于该专利的真实性、有效性和范围无任何立场。

该专利持有人已向本文件的发布机构承诺，他愿意同任何申请人在合理且无歧视的条款和条件下，就专利授权许可进行谈判。该专利持有人的声明已在本文件的发布机构备案。相关信息可以通过以下联系方式获得：

专利持有人姓名：……

地址：……

请注意除上述专利外，本文件的某些内容仍可能涉及专利。本文件的发布机构不承担识别专利的责任。"

（五）《关于禁止滥用知识产权排除、限制竞争行为的规定》

为加强和改进知识产权领域反垄断执法工作，有效预防和制止滥用知识产权排除、限制竞争行为，国家市场监督管理总局制定了《关于禁止滥用知识产权排除、限制竞争行为的规定》（市场监管总局 31 号令）。明确了标准制定和实施中的垄断协议情形，并完善标准必要专利许可中的滥用市场支配地位行为规定（第十八条、第十九条）。其中，针对标准必要专利领域反映强烈的权利人滥用诉权禁令救济的问题，增设专门规制条款，明确具体的适用要件。

第十八条　经营者没有正当理由，不得在行使知识产权的过程中，利用标准的制定和实施达成下列垄断协议：

（一）与具有竞争关系的经营者联合排斥特定经营者参与标准制定，或者排斥特定经营者的相关标准技术方案；

（二）与具有竞争关系的经营者联合排斥其他特定经营者实施相关标准；

（三）与具有竞争关系的经营者约定不实施其他竞争性标准；

（四）市场监管总局认定的其他垄断协议。

第十九条　具有市场支配地位的经营者不得在标准的制定和实施过程中从事下列行为，排除、限制竞争：

（一）在参与标准制定过程中，未按照标准组织规定及时充分披露其权利信息，或者明确放弃其权利，但是在标准涉及该专利后却向标准实施者主张该专利权；

（二）在其专利成为标准必要专利后，违反公平、合理、无歧视原则，以不公平的高价许可，没有正当理由拒绝许可、搭售商品或者附加其他不合理的交易条件、实行差别待遇等；

（三）在标准必要专利许可过程中，违反公平、合理、无歧视原则，未经善意谈判，请求法院或者其他相关部门作出禁止使用相关知识产权的判决、裁定或者决定等，迫使被许可方接受不公平的高价或者其他不合理的交易条件；

（四）市场监管总局认定的其他滥用市场支配地位的行为。

本规定所称标准必要专利，是指实施该项标准所必不可少的专利。

（五）《工程建设标准涉及专利的管理办法》

为规范工程建设标准涉及专利的管理，促进标准与新技术融合，提高标准水平，住房城乡建设部办公厅2017年印发《工程建设标准涉及专利管理办法》（建办标〔2017〕3号）。该《办法》规定了专利信息披露、专利实施许可、涉及专利标准的批准和实施等要求。适用于工程建设国家标准、行业标准和地方标准的立项、编制、实施过程中涉及专利相关事项的管理。工程建设团体标准可参照该《办法》执行。

与《国家标准涉及专利的管理规定（暂行）》相比，主要要求基本相同，不同之处在于：

——对于标准中涉及的必要专利，并应经工程实践检验，在该项标准适用范围内具有先进性和适用性。

——强制性标准一般不涉及收费许可使用的专利。

——标准涉及专利相关事项的管理，应当坚持科学、公开、公平、公正、统一的原则。

——国务院有关部门和省、自治区、直辖市人民政府有关部门，负责对所批准标准涉及专利相关事项的管理。

——提交标准立项申请的单位在立项申请时，应同时提交所申请标准涉及专利的检索情况。

——标准第一起草单位代替标准化技术委员会或归口单位的作用，包括：1）当标准起草单位或者个人告知其拥有或知悉的必要专利时，或者未参与标准起草的单位或者个人披露其拥有和知悉的必要专利时，告知对象为标准第一起草单位；2）标准第一起草单位应当及时核实本单位拥有及获得的专利信息，并对专利的必要性、先进性、适用性进行论证；3）标准第一起草单位应当及时联系专利权人或者专利申请人，告知本标准制修订预计完成时间和商请签署专利实施许可声明的要求，并请专利权人或者专利申请人按照下列选项签署书面专利实施许可声明；4）专利权人或者专利申请人转让或者转移该专利时，将专利转让或转移情况及相应证明材料书面告知标准第一起草单位；5）涉及专利的标准报批时，标准第一起草单位应当同时提交专利相关的材料。

——当标准修订导致已签署的许可声明不再适用时，应当按照本办法的规定重新签署书面专利实施许可声明。当标准废止时，已签署的专利实施许可声明同时终止。

——标准实施过程中，涉及专利实施许可费问题，由标准使用人与专利权人或者专利申请人依据签署的专利实施许可声明协商处理。

第三节　团体标准和企业标准的专利政策

一、核工业相关的团体标准组织

据不完全统计，2020 年我国核工业已开展团体标准的社会团体主要有中国核学会、中国核能行业协会、中国同位素与辐射行业协会、中国电力促进会等。

（一）中国核学会

中国核学会（CNS）成立于 1980 年，是由钱三强、王淦昌和朱光亚等老一辈“两弹一星”功勋科学家倡议发起，核科学技术工作者自愿结成、依法登记，具有法人资格的全国性、学术性、非营利性的社会团体，学会挂靠在中国核工业集团有限公司，接受中国科协的业务指导，接受民政部的监督管理。目前中国核学会下设 8 个工作委员会，30 个专业分会，22 个省、自治区核学会。中国核学会标准工作委员会是中国核学会 8 个工作委员会之一，负责学会团体标准的管理，由学会副理事长单位代表组成，委员会日常工作由学会秘书处负责，核工业标准化研究所提供技术支持。

CNS 从 2015 年开始发布标准（标准号 T/CNS）。截至 2022 年年底，CNS 共发布中文版团体标准 120 余项，英文版团体标准 12 项。

（二）中国核能行业协会

中国核能行业协会（CNEA）是经国务院同意，民政部批准的全国性非营利社会组织，成立于 2007 年。分支专项机构包括 5 个分支机构、12 个专项委员会，为协会相关业务活动提供相应的指导与支持。中国核能行业协会团体标准化委员会负责核能行业协会团体标准的管理。中国核能行业协会团体标准设立包括标准化顾问组、标准化委员会及其办公室、专业组、技术支持单位的职责相互衔接的组织架构。

中国核能行业协会建立铀资源与核燃料循环、核电设计与建造、设备与材料、核电调试与运行、核能前沿技术与科研、软件与信息化工程、核技术应用以及通用和基础等八个专业领域以及相应子领域的标准体系框架。截至 2022 年年底，已发布 170 多项团体标准。

（三）中国同位素与辐射行业协会

中国同位素与辐射行业协会（CIRA）成立于 1989 年，是全国性社会团体法人组织。同位素与辐射技术作为高新技术产业，广泛应用于工、农、医和环保等领域。CIRA 是由同位素与辐射行业以及相关行业从事生产、经营、研发与教学的企事业单位和人士自愿结成的非营利性社会经济团体。协会业务主管部门为中国国防科学技术工业委员会（国家原子能机构），挂靠单位为中国核工业集团有限公司。协会下设辐射加工和同位素等分支机构；200 多个会员单位分布在全国 28 个省、市、自治区，已形成全国性行业网络。

截至 2022 年年底，CIRA 共发布中文版团体标准（标准号 T/CIRA）16 项，英文版团体标准 2 项。

（四）中国电力发展促进会

中国电力发展促进会由原能源部综合计划司、原国家计委投资司、原国家能源投资公司计划部、华能集团公司计划部于 1992 年联合发起组建，1993 年民政部准予注册登记。2014 年成立核能分会，旨在推动中国核能经济地位提升和创新发展，拓展核能产业在国内外市场的发展空间，促进中国核能相关机构与政府、金融、传媒、国外核能机构等组织之间的合作，搭建核能企业与社会公众良性互动的媒体传播通道，提升公众对核电的接受度，促进民间力量和社会资本进入核能产业领域，加速核电规模化发展。

2022 年 11 月，中国电力发展促进会批准成立核能工程标准化技术委员会，委托中核战略规划研究总院核工业标准化研究所承担秘书处。标委会目前下设 12 个专业组，分别是通用和基础、天然铀工程、反应堆工程、核燃料加工工程、建筑安装、核设备设计制造、核设施退役、核能数字化、核能综合利用与核技术利用、核仪器仪表、工程经济，并正在增设核电厂运行、辐射防护与核应急 2 个专业组。截至目前，共下达 4 批标准制修订计划（共 37 项标准）；2 项标准已报批待发布。

二、团体标准组织的专利政策

不同于政府主导制定的标准，团体标准具有私有属性，其定位于满足市场和创新需要。因此，团体标准在与专利融合方面具有更大的灵活性、自主性，也是国家积极鼓励的主要标准类型。自 2018 年施行的《中华人民共和国标准化法》第一次赋予团体标准法律地位后，尽管团体标准目前还处于培育和发展阶段，但是，可以团体标准将愈发重要：

——团体标准将成为我国标准的主要供给。随着我国标准化改革的不断深入，政府主导制定的标准（国家标准、行业标准、地方标准）将持续整合、精简，将不再充当标准的主要提供者。更多的标准将由市场主体根据市场需求去满足标准的自足供给。

——团体标准将发挥更高的提升质量和水平作用。根据《标准化法》的要求，团体标准和企业标准中的技术要求通常要高于强制性标准和推荐性标准。因此，质量下限（基础、安全、通用等要求）主要依靠政府主导制定的标准来保障和满足，而质量上限（市场和创新等需要）则主要通过团体标准和企业标准来提升。

——团体标准更能满足市场创新需求。有别于政府主导制定的标准之间的协调统一关系，团体标准之间是存在竞争关系的。目前，核工业的团体标准已经出现交叉重复，这种交叉重复目前没有协调机制，标准化主管部门也可以预见不会予以协调并分工，而是要在标准实施时通过市场竞争优胜劣汰。也正因如此，团体标准会反映出最新的创新成果，并能充分激发创新活力。在目前我国顶层政策文件中也将专利标准化作为团体标准起到促进创新、推动进步等作用的主要方式。

可以预见，团体标准必将成为专利标准化的主要阵地，其中的专利标准化问题将会较其他类型的标准更为突出。随着我国标准化改革的开展和深入，鼓励和规范团体标准中的专利标准化的顶层政策文件陆续公开发布。国务院于 2015 年制定的《深化标准化工作改革方案》（国发〔2015〕13 号）中明确支持专利与团体标准结合，从而起到推动技术进步之作用。《团体标准管理规定》（国家标准委联〔2019〕）规定了社会团体合理处置团体标准中涉及的必要专利的基本问题。此外，中国标准化协会、中国专利协会联合制定了 T/CAS 2《团体标准涉及专利处置指南》，结合团体标准的市场化属性，规范了专利的披露、应用等。

对于核工业的团体标准组织而言，基本上也遵循上述要求，多数并没有制定专门的专利政策；少数制定的专利政策，如《中国核能行业协会团体标准涉及专利的管理规定（试行）》，也与上述要求并无二致。

综合国家对团体标准以及团体标准与专利融合的政策，可以看出：一是国家高度重视团体标准中的专利标准化，并对此采取支持、鼓励之态度；二是专利标准化是团体标准起到促进科技创新、推动技术进步、提升质量水平、保障产业发展等作用的主要方式。团体标准为提升其在相关市场中的竞争力，本身也倾向于将代表创新成果的专利技术融入于团体标准之中。但是，我国团体标准仍远未成熟，专利标准化对于团体标准化主体而言可能如同一把双刃剑，倘若不能规范化开展，则会使得其中公共利益与私人权利之间的动态平衡失衡，从而增加承受风险之概率。

（一）《团体标准管理规定》

国家标准委、民政部联合印发的《团体标准管理规定》（国家标准委联〔2019〕）是对团体标准管理的顶层要求。该办法的第十六条要求社会团体应当合理处置团体标准中涉及的必要专利问题，应当及时披露相关专利信息，获得专利权人的许可声明。第十八条要求，团体标准涉及专利的，还应当公开标准涉及专利的信息。

（二）T/CAS 2《团体标准涉及专利处置指南》

《团体标准管理规定》对专利的规定不足以指导团体标准与专利的融合工作，而《国家标准涉及专利的管理规定（暂行）》和 GB/T 20003.1《标准制定的特殊程序　第 1 部分：涉及专利的标准》偏重保障涉及必要专利的国家标准制定过程中专利的披露和许可承诺，也没有考虑团体标准的特点。因为，团体标准的市场化属性较强，需要利用专利提升标准竞争力的意愿较强；另一方面，团体标准的制修订过程需要更加高效的专利处置方式，从而充分引导社会团体开展专利融入团体标准的相关工作。

为此，中国标准化协会、中国专利协会联合制定了 T/CAS 2《团体标准涉及专利处置指南》，以满足团体标准市场化发展的需求，指导我国社会团体、专利权人、标准实施者等利益相关方合法、合理、有序地开展标准涉及专利相关工作，平衡好标准与技术发展的关系，促进专利融入团体标准目标明确、过程公开透明、结果公正合理。

T/CAS2《团体标准涉及专利处置指南》拟分为如下 3 个部分：

——第 1 部分：总则；

——第 2 部分：专利披露；

——第 3 部分：专利运用。

1. T/CAS 2.1《团体标准涉及专利处置指南　第 1 部分：总则》

T/CAS2.1 给出了团体标准涉及专利的相关术语、处置的基本原则、总体目标和处置内容。本部分适用于利益相关方开展的团体标准涉及专利处置工作。

应遵循下列基本原则：

——公开透明。社会团体应保证在团体标准制定各阶段中利益相关方披露的团体标准涉及专利信息公开、透明、可供查询。

——公平合理无歧视。社会团体、专利权人、标准实施人及其他相关利益方在团体标准涉及专利的处置过程中，应遵循公平、合理、无歧视的原则。

——利益平衡。社会团体在开展团体标准涉及专利处置过程中，应努力平衡利益相关方的利益，在激励创新与促进标准实施应用之间寻求平衡，不损害他人和社会利益，兼顾好专利权人与标准实施者的利益。

——互利共赢。社会团体应引导专利权人、标准实施者及其他利益相关方增进理解、形成共识，共同推进创新技术融入标准，实现资源、知识、经验及市场的共享，进而促进产业发展，实现共赢。

团体标准涉及专利的总体目标是：

——激励科技创新。团体标准涉及专利的处置应有利于激励科技创新，鼓励团体标准采纳包含先进技术的必要专利，推动技术进步，促进专利技术转化应用，提升团体标准的市场竞争力。

——促进贸易交流。纳入团体标准的专利应充分满足市场发展需求，有利于促进行业的健康发展，禁止权利人利用团体标准实施排除、限制市场竞争的行为。

——保护知识产权。社会团体应引导其会员及其他标准制定主体在团体标准的制定和实施中提升专利保护意识，尊重知识产权，遵守社会团体的团体标准涉及专利处置规则，以合理的方式开展团体标准涉及专利的披露和运用。

团体标准涉及专利的处置内容包括：

——基本内容。团体标准涉及专利处置规则可参考 GB/T 20003.1，基本内容包括但不限于工作机制、规则制定、专利披露、专利运用、宣传培训和评价改进的要求。

——工作机制。社会团体宜建立团体标准涉及专利处置的工作机制，协调利益相关方的关注，按程序公开、透明、公平合理无歧视开展专利披露和专利运用等处置工作，实现互利共赢。

——规则制定。社会团体应制定团体标准涉及专利处置规则，明确团体标准在制定和使用的各个阶段处置专利的具体流程和必要权利要求，并可供会员和社会公众查询，确保社会团体、会员和社会公众能够准确、及时地办理相关工作。

——专利披露。利益相关方至少应按照社会团体的专利处置规则主动、及时地向社会团体披露团体标准涉及专利的信息，社会团体可按照 GB/T 1.1 的要求向外界提供团体标准涉及专利披露信息，并可查询取得。

——专利运用。社会团体、专利权人、标准实施者及其他利益相关方应依法开展团体标准中涉及专利的许可、实施和转让等运用工作。

——宣传培训。社会团体宜开展团体标准涉及专利宣传活动，围绕团体标准涉及专利的现实问题与突出事件，组织开展多层次培训活动，定期发布团体标准涉及专利发展简报或白皮书，推动团体标准涉及专利意识的提高。

——评价改进。社会团体应引导会员以 GB/T 20004.1《团体标准化 第 1 部分：良好行为指南》为基础，建立有效的团体标准涉及专利工作评价程序。社会团体宜按照 GB/T 19001《质量管理体系要求》，结合自身的特点和需求，定期对社会团体开展的团体标准涉及专利工作进行检查与评价，督促会员尊重知识产权，并将知识产权管理工作积极融入会员质量管理体系，避免标准涉及专利纠纷。专利权利人、标准实施人及其他利益相关方应对照标准相关要求，自查自身在专利披露和运用工作中存在的不当行为，并予以改进，自觉维护公平、有序的创新与竞争氛围。

2. T/CAS 2.2《团体标准涉及专利处置指南　第 2 部分：专利披露》

T/CAS 2.2 旨在指导团体标准涉及专利的各种利益相关方合理合法地对团体标准涉及专利进行披露，从而使市场主体能够顺利地将专利纳入团体标准。由于团体标准和国家标准涉及专利处置原则存在根本上的不同，T/CAS 2.2 虽形式上与 GB/T 20003.1 相似，但具体的披露过程和披露原则均有不同之处。T/CAS 2.2 给出了团体标准中涉及专利披露的一般原则、披露内容、披露程序，以及未按要求披露的责任。

（1）总则

鼓励披露。鼓励利益相关方尤其是没有参与团体标准制修订的组织和个人，尽早披露其拥有和知悉的标准涉及专利。

中立披露。社会团体不对标准涉及专利的真实性、有效性和范围持有任何立场；不涉足评估专利对标准的相关性或必要性；不主动参与解决有关标准涉及专利的纠纷。

诚实披露。利益相关方在披露标准涉及专利过程中应诚实披露。明显违反诚实信用原则的，未按要求及时披露的或恶意披露无关专利的，应自行承担相应的法律责任。

（2）披露过程中需考虑的要素

披露义务。参与标准制修订的组织或个人应尽早向社会团体披露自身及关联者拥有的标准涉及专利，以及其所知悉的他人（方）拥有的标准涉及专利；标准中涉及专利的信息发生变化时，原专利权人或专利申请人应及时通知社会团体，社会团体应及时更新专利信息并公开；专利信息变化包括但不限于专利权或者专利申请权转移，专利申请被驳回、撤回、视为撤回、恢复，专利权无效、终止或恢复等；专利权人转让标准涉及的专利时，专利受让人应继承原专利权人之前的披露义务。

披露信息：

——对于已授权专利宜披露，着录项目信息，包括专利名称、专利号、专利的申请日、优先权日（可选）、同族专利列表（可选）、申请人和专利（共有）权利人；宜披露标准涉及专利相关信息，包括专利涉及的标准名称与标准编号、专利与标准技术内容的相关性（可选）、专利对实施标准的必要性（可选）；专利权证明信息，包括专利证书、专利登记簿副本、专利授权公告文本、优先权情况、最近一期的专利缴费凭证等（可选）。

——对于已公开但尚未授权的专利申请宜披露的信息包括：着录项目信息，包括专利名称、专利申请号、专利申请日、优先权日（可选）、同族专利列表（可选）、申请人和专利（共有）权利人；标准涉及专利相关信息，包括专利涉及的标准名称与标准编号、专利与标准技术内容的相关性（可选）、专利对实施标准的必要性（可选）；国家知识产权局发送的审查通知书（可选）；专利申请的修改文件。

——对于未公开的专利申请可由权利人自愿披露以下信息：着录项目信息，包括专利名称（可选）、专利申请号、专利申请日、优先权日（可选）、同族专利列表（可选）、申请人和专利（共有）权利人等；标准涉及专利相关信息，包括专利涉及的标准名称与标准编号、专利与标准技术内容的相关性（可选）、专利对实施标准的必要性（可选）等。

——在披露标准涉及专利时，应填写标准涉及专利信息披露表，并将标准涉及专利信息披露表与相关证明材料一起提交至社会团体。

信息公开。团体标准涉及专利时，社会团体应将已披露的专利信息及时公开。鼓励社会团体通过自身网站、国务院标准化行政主管部门指定的标准信息公共服务平台以及团体标准化发展联盟建立的“团体标准涉及知识产权公共信息平台”等多种渠道公开其团体标准涉及专利信息。公开的相关信息应至少包括涉及了专利的标准或标准草案、已披露的标准涉及专利清单和社会团体的联系方式。

会议。在标准制修订过程中的每次会议期间，会议主持人都应提醒参会者慎重考虑标准草案是否涉及专利，通告标准草案涉及专利的情况和询问参会者是否知悉标准草案涉及尚未披露的标准涉及专利，并将结果记录在会议纪要中。会议纪要应通过适当的方式进行公开。

文件。在起草工作组草案、征求意见稿、送审稿的封面上应给出征集潜在标准涉及专利的信息。在标准制修订过程中的任何阶段，一旦识别出标准的技术内容涉及了专利并进行了相应的处置，应在相关阶段以及其后的所有阶段的标准草案直至正式出版的团体标准的引言中给出相应的说明。如果在标准制修订过程中尚未识别出标准的技术内容涉及专利，应在标准报批稿和正式出版的团体标准的前言中给出相应的说明。封面、引言和前言中与专利有关的内容应与 GB/T 1.1 附录 C 中给出的表述相符合。涉及专利的标准档案保管期限为 10 年。

（3）披露程序

要求在团体标准制修订过程中的每个阶段，社会团体均应将团体标准中涉及的专利信息及时公布。

提案阶段：项目提案方应尽可能广泛地收集项目提案所附的标准建议稿中涉及的专利信息，并应按照规定披露自身及关联者拥有的标准涉及专利以及其所知悉的他人（方）拥有的标准涉及专利；项目提案方在向社会团体提交的项目提案中应包括标准涉及专利信息披露表和证明材料。

立项阶段：社会团体在将项目建议书提交审查或表决时，应同时提交收到的标准涉及专利信息披露表、证明材料和已披露的专利清单（可不填写有关许可的信息）；社会团体内部人员及其外聘的专家或委员应在规定的截止时间前，按规定披露本人、所在单位及其关联者拥有的标准涉及专利以及其所知悉的他人（方）拥有的标准涉及专利。具体的期限由社会团体自行规定；社会团体在对拟立项的涉及专利的标准项目进行公示时，应同时公布涉及专利的标准草案、已披露的专利清单和社会团体的联系方式，鼓励组织和个人披露其拥有和知悉的与标准有关的专利。

起草阶段：

——起草工作组应按规定披露自身及关联者拥有的标准涉及专利以及其所知悉的他人（方）拥有的标准涉及专利。

——不属于起草工作组，但向正在制修订的标准提供技术建议的单位或个人应按规定披露自身及关联者拥有的标准涉及专利以及其所知悉的他人（方）拥有的标准涉及专利。

——在团体标准制修订过程中规范性引用了涉及专利的标准条款时，应获得专利权人或专利申请人的实施许可声明并按规定及时进行披露。

——社会团体应将收到的标准涉及专利信息披露表、证明材料和标准涉及专利实施许可声明表及时通知起草工作组。

——起草工作组提交的标准草案征求意见材料中应包括标准涉及专利信息披露表、证明材料、已披露的专利清单和标准涉及专利实施许可声明表。

征求意见阶段：

——涉及专利的团体标准在征求意见时，社会团体应按规定公布标准相关信息，并注明鼓励组织和个人按规定披露其所拥有和知悉的标准涉及专利。

——被征求意见的单位和个人，宜按规定披露其拥有和知悉的标准涉及专利。

——社会团体及其外聘的专家或委员应在规定的截止时间前，按规定披露本人、所在单位及其关联者拥有的标准涉及专利以及其所知悉的他人（方）拥有的标准涉及专利。

——社会团体应将征求意见过程中新收到的标准涉及专利披露信息及时通知起草工作组，并按照规定进行处置。

审查阶段：

——社会团体在对涉及专利的标准送审稿进行审查时，应采用会议审查的方式。

——审查内容至少应包括：标准是否满足文件要求以及标准涉及专利信息披露表、证明材料、已披露的专利清单和标准涉及专利实施许可声明表的完备性。会议审查按要求进行，并应就标准涉及专利的有关事项给出审查意见。

——起草工作组的标准草案报批材料中应包括标准涉及专利信息披露表、证明材料、已披露的专利清单和标准涉及专利实施许可声明表。

批准阶段：

——社会团体应对标准涉及专利信息披露表、证明材料、已披露的专利清单和标准涉及专利实施许可声明表的完备性，以及处置程序的符合性进行审核。对不符合报批要求的，应退回起草工作组，限时解决问题后再行报批。

——对于符合报批要求的，社会团体应在该标准发布前按规定公布标准中涉及专利的信息。公示期至少为30天。

——公示期间，任何组织或者个人可按规定向社会团体披露其知悉的标准涉及的尚未披露的专利。

——社会团体应将新收到的标准涉及专利信息及时通知起草工作组。

——在标准批准之前，如果发现了新的标准涉及专利，社会团体应中止标准报批稿的批准程序，并对新披露的标准涉及专利按规定进行处置，然后再行报批。

实施和复审阶段：

——标准发布后，发现标准涉及专利但没有专利实施许可声明的，社会团体应组织标准复审，并可根据复审结论在“要求起草工作组在规定时间内获得专利权人或专利申请人做出的专利实施许可声明”“暂停实施该标准”“要求起草工作组修订该标准”三种方式之间视情况选择。

——标准发布后，标准中涉及的专利信息发生变化时（如专利申请未能通过审查、专利过了保护期年限、专利权人发生变更等），应及时对标准进行复审。

——在复审过程中，社会团体应对标准中涉及专利的信息进行核实，并根据核实结果确定标准的复审结论。

——程序优化。可依据实际情况对上述程序进行简化、细化和优化。如对于所涉及的产品或技术的时效性较短的团体标准，若但在批准阶段公示期截止的前一天，遭遇到了竞争对手恶意披露一批明显与标准无关的专利。对此，可针对该团体标准，采取简化程序：第一，对于已获得实施许可的“明显与标准无关的专利”，直接列入已披露的标准涉及专利清单。第二，对于剩余的“明显与标准无关的专利”，直接予以忽略。第三，不再退回到起草阶段，公示日截止后直接批准发布。第四，该标准得到了及时发布。虽然有一些“明显与标准无关的专利”被列入已披露的标准涉及专利清单，但由于社会团体的宣贯到位，利益相关方均知晓“标准涉及专利不一定是标准必要专利”，加之这些专利确实“明显与标准无关”，因此无人缴纳专利许可费。

（4）未按要求披露的责任

标准实施者如果发现专利权人在披露过程中存在专利权滥用行为，可向社会团体、我国市场监管有关部门进行举报，或直接向人民法院发起诉讼。专利权滥用行为包括但不限于：

——专利权人未按要求诚实信用地履行披露义务；

——专利权人未按要求及时披露其所拥有的标准必要专利；

——专利权人未按要求及时披露其关联者所拥有的标准必要专利；

——专利权人恶意披露明显与标准无关的专利；

——专利权人拒绝向标准实施者提供专利清单；

——专利权人未按要求及时披露已发生变化的标准涉及专利信息；

——专利权人对无效专利继续收取专利许可费；

——专利权人限制标准实施者主张权利或者提起诉讼。

3. T/CAS 2.3《团体标准涉及专利处置指南 第3部分：专利运用》

GB/T 20003.1 为国家标准涉及必要性专利的披露所涉及的工作进行了指导，并没有对标准涉及专利的实施、许可和转让的其他工作进行说明。为指导社会团体、专利权人和标准实施者及其他利益相关方重视并尊重专利，合理开展团体标准涉及专利的实施、许可和转让等运用工作，促进专利成果纳入团体标准，同时保障团体标准正常市场化实施，T/CAS 2.3 给出了社会团体、专利权人、标准实施者及其他利益相关方对团体标准中涉及专利的实施、许可和转让等运用工作的处置办法。

（1）总则

社会团体、专利权人和标准实施者应当遵循行业已达成共识的专利运用原则。社会团体应促进标准实施，提升标准涉及专利信息的公开化。专利权人和标准实施者应遵循“公平、合理、无歧视”原则开展标准涉及专利运用工作。

社会团体、专利权人和标准实施者在专利运用工作中，以推动标准化工作为目标，促进标准和专利相融合，一方面应积极推动专利技术纳入标准；另一方面应避免滥用专利权，影响标准的市场化。

（2）处置规则要点

标准制修订过程中的披露和许可承诺，可参考 T/CAS 2.2 的专利披露规则，要求专利权人对披露专利做出免费许可、“公平、合理、无歧视”许可或拒绝许可的选择，并制定专利权人拒绝专利许可时的应对措施。

团体标准涉及专利的实施、许可、转让方面的内容，包括但不限于社会团体对标准涉及专利问题的指导意见、专利信息披露的流程和要求、会员专利许可声明要求等。也可以根据实际情况，包含专利许可的方式、专利评估的方式、专利纠纷处理方式和专利协同维权方式等内容。

宜由社会团体及其会员按照议事规则协商一致制定。

社会团体应在其官网和国务院标准化行政主管部门指定的标准信息公共服务平台等多种渠道公开其处置规则，并向其会员和参与标准制修订的组织或个人进行宣贯。

（3）实施

标准实施者在准备采用团体标准或者已经执行团体标准的过程中，宜向社会团体了解其处置规则，同时准备专利预警工作。

标准实施者宜通过联系社会团体、查询社会团体网站、查阅团体标准正式文本、查询团体标准专利信息平台等方式获取专利权人披露的团体标准中涉及的专利的信息。

标准实施者宜对获取的专利信息进行侵权风险评估，评估专利和标准的关系，确定专利是否为标准必要专利。可自行进行评估，也可自愿委托第三方机构进行评估。评估内容包括但不限于：专利权的真实性和有效性、专利和标准的一致性、专利与产品的技术关联性、产品侵权的可能性、专利的稳定性、专利侵权风险防范预案。

如果分析结果为已披露专利并非标准必要专利，侵权风险低，标准实施者可先采用该团体标准。同时，宜做好风险监控，关注团体标准涉及专利的状态更新，对新增加的专利进行分析。

标准实施者可根据专利分析结果决定是否准备谈判，如果分析结果为标准必要专利，可主动启动专利许可谈判，也可做好谈判准备，等待专利权人发起谈判。

标准实施者在实施团体标准的过程中，如收到按照 T/CAS 2.2 的有关要求已经进行过专利披露的专利权人的许可邀约，标准实施者不宜直接拒绝与专利权人谈判，可要求专利权人提供专利信息，也可获取专利信息之后进行专利分析，按照分析结果开展谈判。

标准实施者如遇到披露信息之外的专利许可，宜通知社会团体，请求社会团体协调处理，并宜启动专利分析工作，积极开展许可谈判。

（4）许可

团体标准涉及专利的许可，包括专利权人向标准实施者以及专利权人授权他人代其向标准实施者进行许可。应注意，需要经过专利分析才能确定团体标准涉及的专利是否为标准必要专利。因此，采用团体标准并非一定会侵犯专利权人披露的专利。

专利权人应按 T/CAS 2.2 的有关要求披露团体标准中涉及的专利的信息，有许可意向的专利权人还应作出对披露专利免费许可或按“公平、合理、无歧视”条件进行许可的选择。如专利权人不同意专利许可，则应尽早通知社会团体。

专利权人宜在团体标准正式发布后，根据标准内容，评估已披露专利，判断已披露专利是否为团体标准的标准必要专利。

如果专利权人同意在公平、合理和无歧视的条件下自愿进行团体标准涉及专利的许可，则宜提前准备许可方案。许可方案宜充分考虑专利对标准的贡献，保护专利权人的权利，同时也要平衡专利权人、标准实施者与社会公众的利益。

许可方式包括单独许可、打包许可、交叉许可和专利联营，专利权人还可以与标准实施者就专利反向许可条件进行协商。不建议采用排他许可或独占许可的方式。

专利许可协议应包括主要条款和特殊条款，范本如下。

> ——鉴于许可方（……）拥有（专利名称）专利，专利为（……），申请日为年月日，授权日为年月日，专利的法定届满日为年月日，涉及团体标准信息。
>
> ——鉴于被许可方（……）希望获得许可而实施该专利技术。
>
> ——鉴于许可方同意向被许可方授予所请求的许可；双方一致同意签订本合同。
>
> 第一条　名词和术语（定义条款）

普通实施许可—……。

分许可—……。

第二条　专利许可的方式与范围

该专利的许可方式是普通许可（普通许可、交叉许可、分许可）。

（注：涉及团体标准的实施，不建议独占许可或排他许可。）

……经双方协商，被许可方的利益关联方可以在某地区（全球）制造（使用、销售）其专利的产品；（或者）使用其专利方法以及使用、销售依照该专利方法直接获得的产品；（或者）进口其专利产品，（或者）进口依照其专利方法直接获得的产品。

第三条　专利的技术内容

第四条　技术资料的交付

第五条　使用费及支付方式

第六条　验收的标准与方法

第七条　对技术秘密的保密事项

第八条　技术服务与培训

第九条　后续改进的提供与分享

第十条　违约及索赔

……争议的解决方法

1. 双方在履行合同中发生争议的，应按合同条款，友好协商，自行解决；

2. 双方不能协商解决争议的，可请求社会团体进行调解；

3. 双方不能协商解决争议的，可提请专利管理机关调处，对调处决定不服的，可向人民法院起诉；

4. 双方发生争议，不能和解的，向人民法院起诉；

5. 双方发生争议，不能和解的，提请仲裁委员会仲裁。

注：2、3、4、5 只能选其一。

……。

主要条款应主要包括主体、合同的标的、涉及的团体标准名称、费用的支付、实施许可方式、许可的有效期间和地域范围、技术改进及专利回授（不包括独占性回授）等。

特殊条款由双方协商确定，可包括他人侵犯专利权如何处理、被许可方因为生产专利产品导致侵犯他人专利权被索赔如何处理、后续专利技术改进的成果归属等。

专利权人可准备正式谈判邀约文件，通过信件和电子邮件等方式向标准实施者发出正式的许可谈判文件，并按照商业惯例和交易习惯列明所涉专利权的范围。

标准实施者在收到专利许可邀约时应在合理期限内答复对方，并准备专利许可谈判。

如果标准实施者拒绝邀约或者不回复邀约，专利权人可请求社会团体介入，也可启动司法救济程序。

如果专利权人和标准实施者中任何一方认为，在谈判中可能会涉及自身的商业秘密，可以提出签署保密协议。

在组建许可团队时，专利权人和标准实施者优先选择具备法律、技术和商务等方面的专业背景、专业知识和谈判经验的人员或团队参与。

专利权人可根据自评估结果挑选可以许可的专利。标准实施者宜根据标准，以及自身产品和技术的具体情况，判断可能会使用的专利。

准备材料应包括但不限于：相关法律法规的要求和社会团体的处置规则、许可协议、专利清单、权利要求对照表和保密协议等材料、可供参考的在先案例和可对比协议。

谈判方式应包括但不限于以下几种：标准实施者可以单独与专利权人进行谈判许可、标准实施者可联合其他标准实施者与专利权人谈判、标准实施者或专利权人委托第三方机构代为谈判、多个专利权人委托第三方机构联合开展专利许可。

参与谈判的各方应处于公平地位，谈判态度积极。各方应向对方充分解释各自条件的依据和理由，给予其他方充分解释各自条件的机会，积极应对各方发出的信息，避免恶意拖延许可谈判。

如果谈判各方确定专利并非标准必要的专利，则宜终止谈判许可。

如果各方通过谈判无法达成共识，则可邀请第三方机构进行调解，也可选择启动司法救济程序。如果各方形成共识，可根据谈判协商结果签署书面许可协议。

许可后，双方做好专利实施过程的控制和管理。注意许可协议中涉及专利状态的变化。

如果需要在许可专利之外新增其他专利，双方协商后确定是否对许可协议进行补充或重新签订许可协议。

如果标准实施者拒绝许可谈判或非善意地进行许可谈判，专利权人可以向有管辖权的法院提起诉讼。如果标准实施者认为专利权人存在专利权滥用行为，可以先与专利权人进行协商，消除存在的滥用行为。如协商不成，可以就专利权人存在的专利权滥用行为向政府行业主管部门和社会团体反映情况，也可以向我国市场监督管理部门举报。

如果许可双方对专利许可的有关条款出现分歧，并且难以调和，导致出现专利纠纷，许可双方可以优先考虑通过专利纠纷调解机构或社会团体进行调解。

（5）转让

专利权人转让团体标准涉及专利时（专利转让形式包括出售、折股投资等），应告知专利受让人该专利涉及的团体标准，以及发布该团体标准制定的处置规则。

原专利持有者在转让专利后，应及时通知社会团体和已经被许可使用专利的标准实施者，社会团体应及时更新专利权人的信息，并且按T/CAS2.2—2018的有关要求进行披露。

专利受让人和标准实施者应明确该标准涉及专利的权利和义务，并继承原专利权人之前声明的该专利相关的权利和义务。

应在转让协议中注明受让人应继承原专利权人之前承诺涉及该专利的相关权利和义务，以及被许可人签署的有效的涉及专利的许可协议中的权利和义务。专利受让人应遵守原专利权人的承诺。如专利受让人拒绝继续履行许可承诺，社会团体应向原专利权人追责，必要时可以通过司法途径发起诉讼。专利受让人应与已经被许可使用专利的标准实施者继续履行原专利许可协议，如果双方共同希望重新签署专利许可协议，可另行协商。

转让协议内容包括但不限于：专利有效情况、专利许可情况、原专利实施许可的履行、技术资料的交付、交易方式和价格、违约责任等。签署完专利转让协议后，双方应去国家知识产权局进行着录项目变更。

（三）中国核能行业协会团体标准涉及专利的管理规定

中国核能行业协会参照《国家标准涉及专利的管理规定（暂行）》制定了《中国核能行业协会团体标准涉及专利的管理规定（试行）》。主要内容与基本要求与前者并无二致，主要包括专利信息的披露、专利实施许可等。

三、企业标准与专利融合的政策

尽管企业标准为企业自行制定并实施的标准，对于有多个成员单位的核电企业，如几大核电集团公司，其集团级的企业标准也会涉及专利。集团级的企业标准在成员单位内实施时同样也涉及专利在不同成员单位之间的许可。目前，各核电企业基本未制定相关的标准必要专利政策，理论上，可参照成员单位之间的创新成果在有偿使用规则来开展实施许可。

第三章
核工业标准和专利的现状与趋势

第一节　核工业标准发展现状和趋势

一、国际标准

（一）IEC 标准

如前文所述，IEC/TC45 负责制定与核相关仪表、电气电子设备和系统的国际标准，涉及通用核仪器仪表、堆用核仪器仪表和辐射防护核仪器仪表三大块业务。截至 2023 年 7 月，IEC/TC45 共发布标准 34 项（在研 7 项）、SC45A 共发布标准 107 项（在研 20 项）、SC45B 共发布标准 63 项（在研 10 项）。

IEC/TC45 发布的标准集中在核仪器仪表术语、核探测器、核与辐射用远程无人自动化系统、带电粒子加速器和工农业用核仪器等领域。如：

——IEC 60050-395：国际电工术语—第 395 部分：核仪器仪表-物理现象、基本概念、仪表、系统、设备和探测器；

——IEC 60462：核仪器仪表-闪烁计数用光电倍增管-测试过程；

——IEC 61452：核仪器仪表-伽马射线放射性核素的活度或发射率的测量-锗基光谱仪的校准和使用；

——IEC 62976：工业无损检测设备-电子直线加速器；

——IEC 63048：核与辐射用远程控制系统一般要求；

——IEC 63048：放射性材料追踪系统要求。

IEC/SC45A 发布的标准集中在反应堆用传感器和测量技术、仪控电系统、特殊过程和辐射监测、控制室和人因工程、外部应力下的系统性能和鲁棒性、仪控系统老化管理、核设施人工智能等领域。如：

——IEC 61513：核电厂用安全系统的功能要求和设备的确认标准；

——IEC 62668：核电厂用热电偶温度测量设备的抗辐照性能的评估标准；

——IEC 60964：核电厂中的主控室设计标准；

——IEC 61226：核电厂中用于监控安全相关参数的设备的特性和性能要求；

——IEC 62138：核电厂中用于故障诊断的数字信号处理系统的要求。

IEC/SC45B 发布的标准集中在环境辐射测量、有源便携式剂量（率）仪和波动剂量测量系统、固定式辐射和活度监测设备、氡和氡子体测量仪、非法货物运输控制测量设备、有源放射性安全监测系统等领域。

——IEC 62694：辐射防护仪器-用于探测非法贩运放射性物质的背包式辐射探测器；

——IEC 61577：辐射防护仪器-氡和氡子体测量仪系列；

——IEC 62523：辐射防护仪器-集装箱货物检查系统；

——IEC 62963：辐射防护仪器-瓶罐液体 X 射线 CT 检查系统。

IEC 标准的提案来源为各国家的标准化委员会，但是提案的产生却是多元的，如核仪器领域的 IEEE、AFCEN（法国核岛设备设计和建造规则协会）等知名协会编写的标准、各国的国家标准、知名企业编写的标准，以此为基础通过本国国家标准化委员会向 IEC 提出标准提案。

此外，IEC/TC45 还很重视与国际原子能机构的合作，派专家参加了核仪器相关工作组的工作，如核动力厂仪控技术工作组，结合相关讨论结果，策划制定了如核动力厂仪控电系统全生命周期国际标准，包括设计、制造、测试、安装、运行、维护、维修、老化管理和退役等方面。

由于部分技术交叉，如术语、辐射防护、人工智能、数字化、加速器等，IEC/TC45 也会同时与 IEC/TC1（术语）、ISO/IEC JTC1（信息技术）、IEC/TC77（电磁兼容）、IEC/TC8（电力供应系统）、IEC/TC56（可靠性）、IEC/TC65（工业测控和自动化）、IEC/SC62C（医用核仪器）和 IEC/TC112（电气绝缘材料和系统评估和鉴定）开展合作。

从 IEC/TC45 及其分技术委员会标准发展趋势来看，随着第四次工业革命的到来，清洁能源、数字化、信息技术、核安全、核技术应用相关仪器设备的工作越来越得到各方的重视。IEC/TC45 及其分委会的工作也将围绕这些领域展开。一方面是做好现有技术标准的维护工作，另一方面是加强新技术相关的标准研究。因此今后三年的工作重点为核探测器相关技术标准梳理更新；带电粒子加速器工业应用技术标准规划及落实；发掘核领域相关机器学习、自动控制和网络安全标准；根据反应堆技术的发展研究新堆型（如小堆、高温气冷堆、快堆等）带来的核仪器仪表技术变化修订现有标准；射线安检设备技术标准补充完善等方面。

在未来工作中，IEC/TC45 及其分技术委员会将持续保持与 IAEA 安全要求和其他技术交叉标委会标准的协调一致，确保 IEC 标准技术内容的适当性。同时密切关注各国各区域标准，及时将重要标准转化为国际标准。标准的要求应该足够且最少化，不可因标准内容要求对业内主流相关方产生限制。制定标准时要确保标准的广泛适用性。

国际环境的变化对核电产业的影响一定程度限制了各国参与国际标准化工作的积极性。如福岛事故导致日本和德国重新评估核电的使用、丰富天然气的开采在美国降低了核电的竞争力、2019 新冠病毒的全球流行产生了对包括核电行业在内所有行业的负面影响。这些负面影响一定程度减缓了各国新提案的产生速度，但同时也是其他国家积极介入国际标准化工作的机会。

（二）ISO 标准

ISO 通常基于四方面的原则来制定标准。一是对市场需求的响应。ISO 对何时制定一项新的标准没有计划性，而是源于行业或其他利益相关者的要求，如消费者群体。通常情况下，某一行业部门或团体提出标准需求后，其国内的 ISO 成员将与 ISO 取得联系，提出编制该标准的需求。二是基于全球专家意见制定。ISO 标准是由一组来自世界各地的专家制定，作为技术委员会的专家，代表着该领域世界级水平。这些专家对标准的各个方面进行协商，包括其范围、主要的定义和内容。三是考虑多方利益诉求、多方参与制定。技术委员会的专家除来自相关行业的专家以外，还包括来自消费者协会，学术界，非政府组织和政府的人员。四是基于达成共识制定标准。ISO 标准的制定是基于共识的方法同时考虑各利益相关方的意见。

当前，ISO/TC85 和下设的分委会、工作组制定的核领域国际标准共计 310 项（包含制修订项目和已发布标准），标准范围包括核能、核技术的和平利用，保护个人和环境免受电离辐射。项目统计情况见表 3-1 所示。

表 3-1　ISO/TC85 发布和制修订标准情况

委员会	已发布标准	正在制修订标准
TC85	35	4
TC85/SC2	119	27
TC85/SC5	83	15
TC85/SC6	19	8
合计	256	54

统计表明，一些老牌核领域强国当前仍占据着国际标准制修订的绝对主导优势。在 ISO/TC85 中，过半数的标准由法、美两国牵头制定。相较于我国，法、美、德、日、英等国均处于领先地位。各国家主导标准项目分布情况分别见图 3-1。

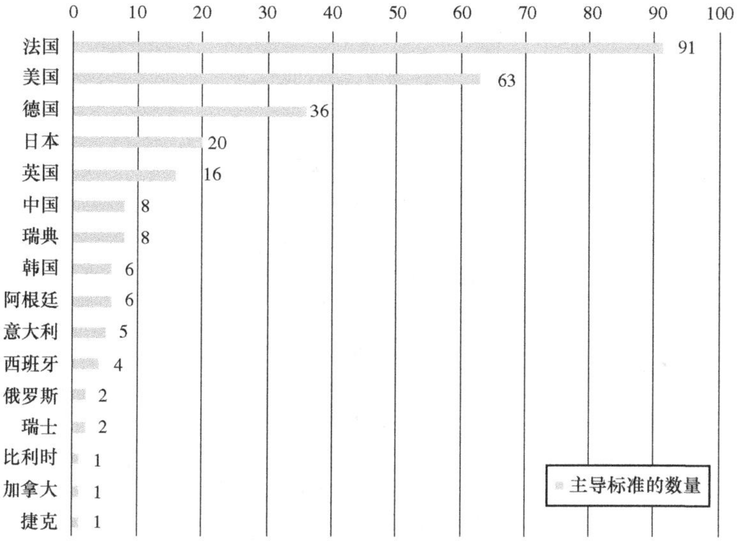

图 3-1　各国家主导 ISO/TC85 标准项目情况分布

ISO/TC85 的体系尚不完整，不具备协调一致的子领域划分依据，尚存在较多空白领域及项目可扩充完善。此外，在“后福岛核泄漏事故”时代，全球各国整体加强了对于核领域标准研发工作的重视程度，尤其是近五六年以来，标准年度发布数量已跃升至自技术委员会成立以来的一个顶峰，见图 3-2。现行有效及正制定反应堆技术领域标准共计 26 项，与该分委会工作范围相比，形成的标准涉及的领域极其有限，基本上完全不成体系，未来仍大有可为。

不论是从主导标准制修订还是从承担秘书处或召集人席位的数量来看，德、美、法、俄等核能领域强国仍占据了绝对优势。这些国家充分发挥自身优势，摸索出一条适宜本国发展特色的国际标准化发展之路。例如，德国“偏好”申报系列标准提案项目，率先布局并争夺标准化对象控制权；美国擅长开展协学会团体与国际机构合作，以保障美国“事实上的国际标准”升级成为国际标准；法国则深耕资源整合，深度融合各层级国际标准化工作。各国虽重点不尽相同，但最终目标如出一辙，即力图争夺和控制国际标准化研发的制高点，尽全力主导或参与更多国际标准化工作，并争取承担更多行政管理职责。这些国家谙熟国际标准化对于本国开拓全球市场的重大深远意义，真正做到了从战略的高度重视并发展国际化，且目前已取得了显著成果。

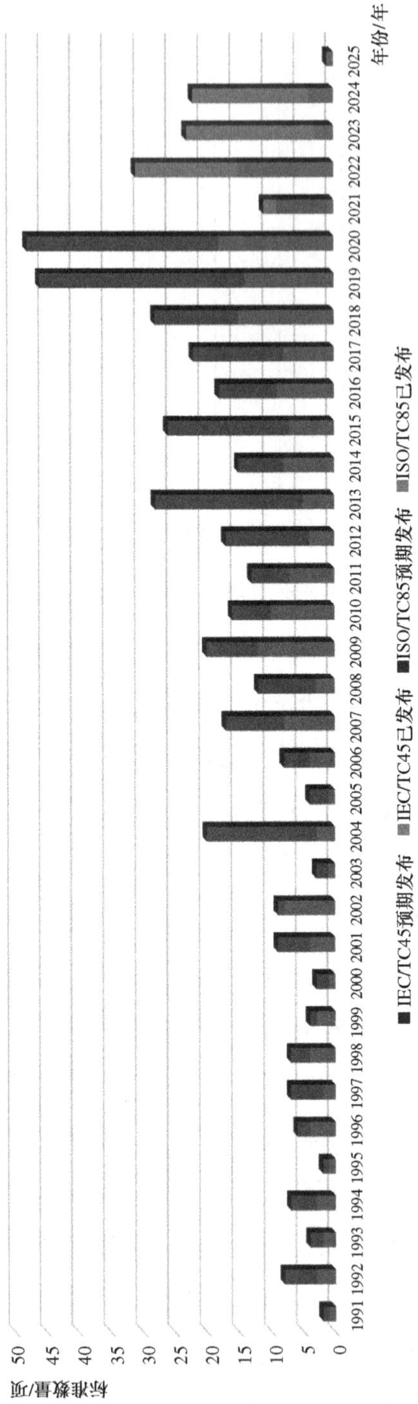

图3-2 现行有效ISO/TC85标准的发布年份情况

二、政府主导制定的标准

从发展趋势来看，政府主导的核行业标准发展趋势受到多方面因素的影响，包括技术发展、能源需求、环境保护、安全意识等。预计政府主导的标准发展趋势包括：

——安全与环保要求：安全一直是核工业最关注的问题。政府倾向于推动更加严格的核工业安全标准，包括在设计、建设、运营和退役等各个环节，以确保核工业的安全性和环保性。

——技术创新与应用：随着科技的不断发展，核工业行业也在不断推陈出新，涌现出一系列新的技术和设备。政府推动相关的标准和规范来引导新技术的应用和推广，包括第四代核能技术、核技术应用等。

——国际标准与合作：核工业行业是国际性的行业，国际标准和合作在核工业行业中扮演着重要角色。政府可能会加强与其他国家和国际组织的合作，推动国际核工业标准的制定和推广，以促进全球核工业行业的合作与发展。

——社会公众参与和透明度：在核工业行业中，公众对于安全、环保和健康等方面的关切日益增加，对核工业行业的监管和标准提出了更高的要求。政府可能会在核工业标准的制定过程中更加注重公众参与和透明度，确保公众的权益得到保护。

——可持续发展和能源转型：随着对可持续发展和能源转型的需求增加，政府可能会推动核能行业朝着更加清洁、高效、可持续的方向发展。这可能包括在核能标准中加入对可再生能源的整合、核电厂的灵活性和适应性等方面的要求。

（一）核行业标准

核行业标准（EJ）以核工业需求为导向，以实现核工业高质量发展为根本目的，充分考虑国内外环境因素和相关方的需求与期望。根据行业特征，建立了一套与管理体制、技术水平相适应，与重大工程科研相同步，与标准化建设自身规律相吻合，全面覆盖核领域各要素，横向到边、纵向到底的标准体系。核行业标准体系（含相应领域国标）框图如图 3-3 所示。

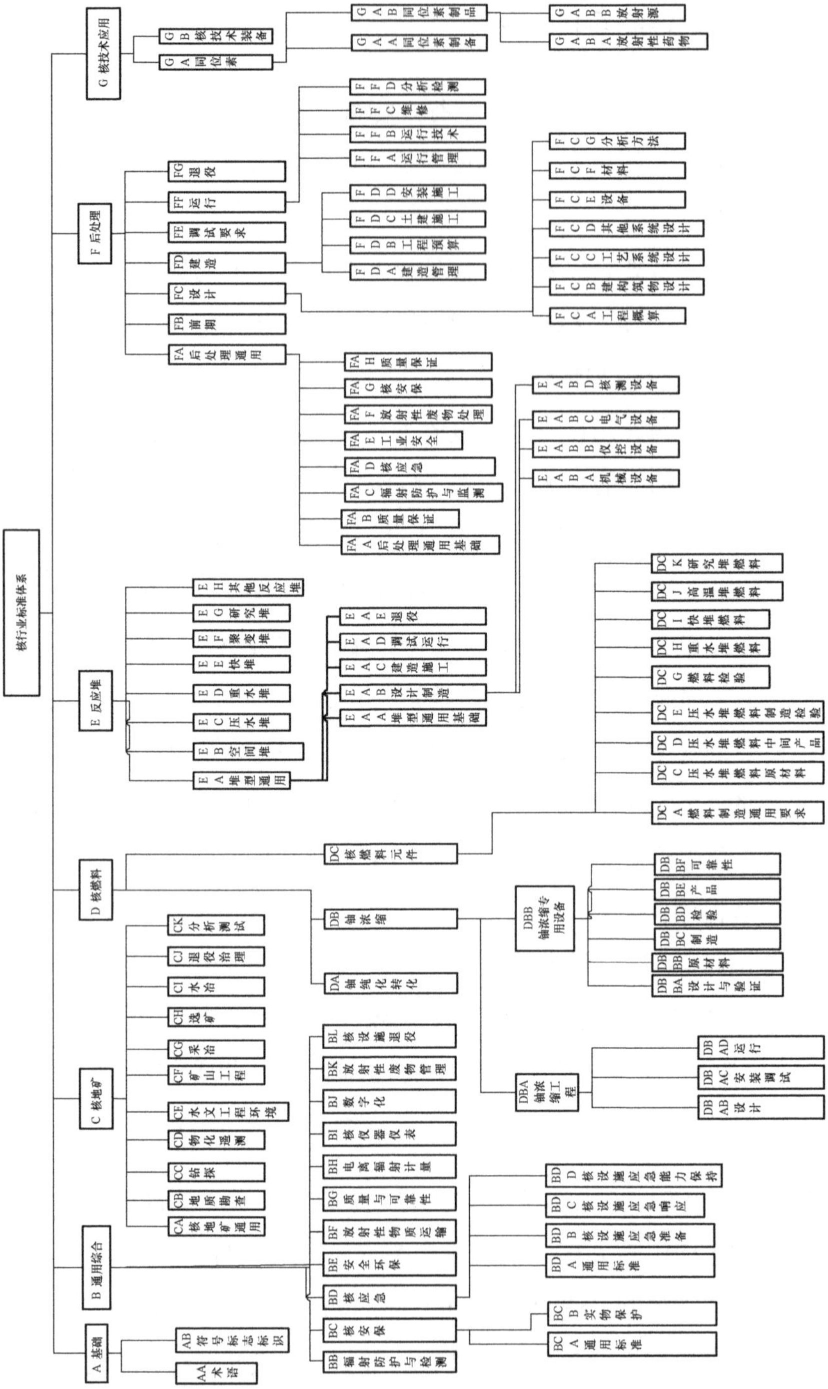

图3-3 核行业标准体系框图（部分）

截至2023年，标准体系共包含标准1733项，有效标准963项，需要修订标准311项，规划制定标准458项，其中包括国家标准300余项。各类标准数量见表3-2。

表3-2　各类标准数量

标准类型	基础标准	产品标准	工艺标准	试验标准	设计标准	其他
合计	23	264	36	439	250	721

第一个子体系是基础类标准，包含术语、符号标志标识、标准编写规则等三类。共收录了12项术语标准、1项符号标志标识标准、10项编写规则标准，合计23项标准。

第二个子体系是通用综合类标准，包含通用设备材料及方法、辐射防护与检测、核安保、核应急、安全环保、放射性物质运输、质量可靠性、电离辐射剂量、核仪器仪表、数字化、放射性物质管理、核设施退役等十二个模块。通用综合合计499项，其中通用设备材料及方法22项、辐射防护与检测140项、核安保54项、核应急16项、安全环保19项、放射性物质运输20项、质量可靠性31项、电离辐射剂量18项、核仪器仪表92项、数字化16项、放射性物质管理52项、核设施退役现有核行业标准3项。

第三个子体系是核地矿标准，合计304项。包含核地矿通用（CA）67项、地质勘查（CB）33项、钻探（CC）4项、物化遥测（CD）35项、水工环（CE）8项、矿冶工程（CF）31项、采冶（CG）16项、选矿（CH）5项、水冶（CI）9项、退役治理（CJ）16项、分析测试（CK）79项。

核燃料标准主要分为铀纯化转化、铀浓缩、核燃料组件设计制造标准。其中铀浓缩工程细分为铀浓缩工程、铀浓缩专用设备；核燃料根据堆型分为压水堆、重水堆、高温堆、快堆等。核燃料标准合计436项，其中铀纯化转化 58 项；铀浓缩 166 项，包含铀浓缩工程标准 37 项，铀浓缩专用设备 129 项；核燃料组件标准 212 项，包含压水堆燃料 156 项，重水堆燃料 6 项；快堆燃料 1 项，高温堆燃料 35 项，研究堆燃料 14 项。

反应堆标准共 194 项，其中堆型通用标准 80 项，空间堆 4 项，压水堆 48 项，重水堆 4 项，快堆 37 项，聚变堆 5 项，研究堆 6 项，其他反应堆 10 项。

按照核技术应用的领域，核技术应用标准划分为同位素、核技术装备、辐照应用等三个领域。核技术应用标准共 48 项，其中同位素 46 项，核技术装备 2 项。

从核行业标准的未来发展趋势及标准制修订重点来看，标准体系建设要能够体现国防科工局“一二五”发展战略，支撑推动”三大转变”，为支撑国防科技工业五大攻坚战提供标准支撑。标准体系建设具体目标主要体现在以下三个方面：1）标准体系能够体现“十四五”重点项目科研成果，基本消除目前技术现状与标准之间差异；2）标准体系全面覆盖核领域生产环节，能够有效支撑核工业高质量发展；3）标准体系界面清楚，能够有效界定标准是否纳入标准体系；标准体系框架合理，既能指导重点工程标准化工作，又方便使用。

为配套重大项目、重大工程的开展，及时固化总结重大工程项目成果，核行业标准化“十四五”期间及后期标准制修订重点如下：

——核设施退役及放射性废物治理标准研制。配套支撑“退役治理专项”，在退役治理基础、退役治理安全、退役治理审评、退役治理源项、放射性废物最小化评价、放射性废物处理整备、放射性废物包装贮存运输、放射性废物处置、核设施退役去污技术、核设施退役拆除解体、放射性废物清洁解控和再循环再利用、核设施退役环境整治及终态、铀矿冶设施退役、高放废液处理、测量与分析等 10 多个方面，系统开展标准化研究与标准制修订。

——空间核动力装置标准研制。为满足空间核动力装置研发对标准的需求，开展设计、制造、试验、运行、辐射防护、材料以及基础通用等领域的标准规划与标准制修订。

——绿色和数字化铀矿地质勘查采冶标准研制。遵循新时代绿色发展理念，开展绿色勘查技术和数字化勘查技术标准研制；结合最新溶浸技术，开展铀采冶标准体系研究和标准制修订；开展绿色矿山和数字化矿山设计、运行以及共伴生放射性资源开发相关标准研制。

——核燃料关键技术标准研制。配合核燃料技术自主可控攻关，开展三代核电燃料组件、高温气冷堆燃料组件、环形燃料组件、MOX 燃料组件标准研制工作。

——快堆标准研制。需要制定的适用于快堆的标准，在设计、制造、建造、运行等领域的快堆标准研制。

——核技术应用关键标准研制。开展高端核医疗装备、工业加速器、核探测器技术等领域的配套标准研制，为我国的核技术应用产业健康、快速发展提供技术依据。

（二）核电标准

在国家能源局、国家标准委、国家核安全局的指导下，目前已基本建成一套完整覆盖压水堆核电全生命周期的核电标准体系。现有核电标准体系框架如图 3-4 所示。

现有核电标准体系项目表内涵盖现行有效国家标准（GB）95 项、能源行业核电标准（NB）973 项（不含正制定项目以及常规岛和 BOP 标准），以及其他行业适用标准 58 项。核电标准各子体系主要包含的标准分别如下：

——机械设备：主要为针对具有核电特殊要求的核岛机械设备标准，如：设备和零部件设计制造、能动机械设备鉴定、焊接技术、无损检测、性能检测、表面处理、设施设备涂层防护等，以及材料标准，约 185 项。

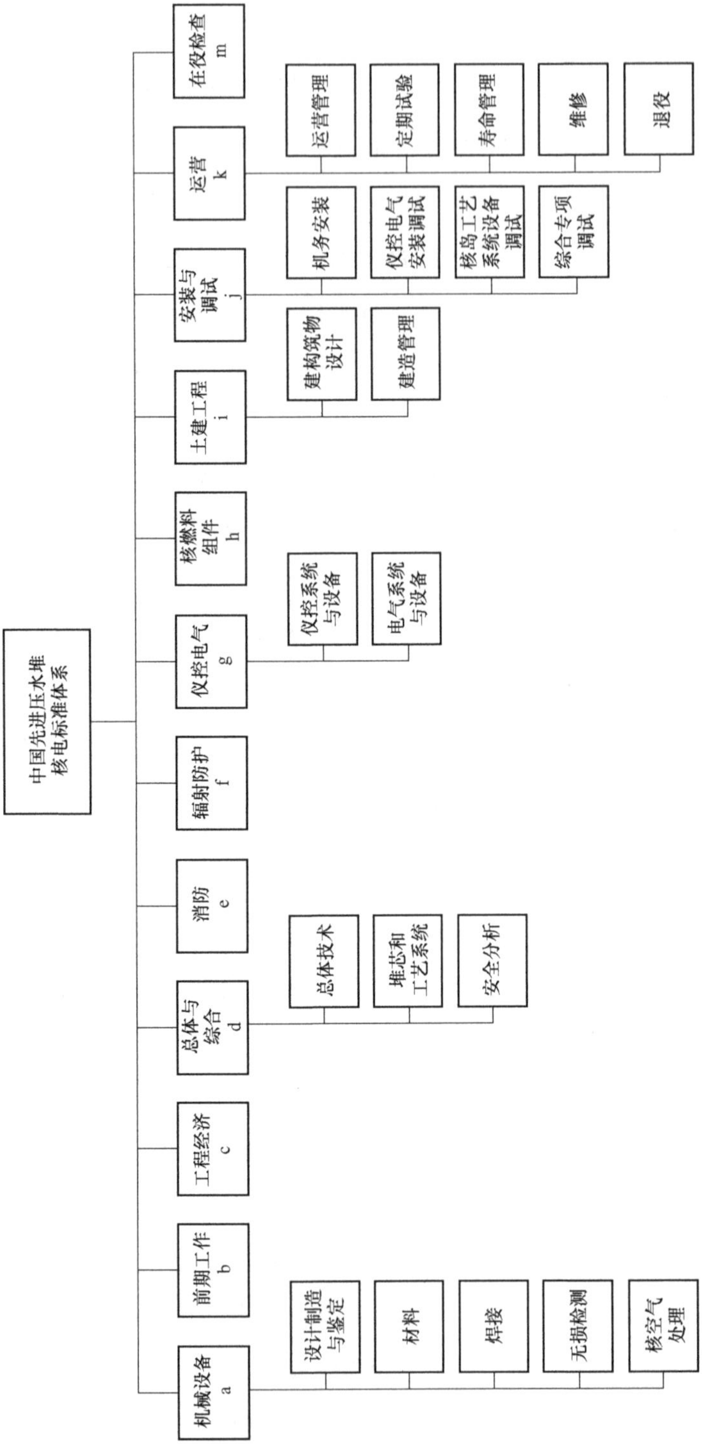

图3-4 核电标准体系框架

——前期工作：主要包括核电选址评价（安全可靠性、环境兼容性和技术可行性等）、项目可行性研究、项目申请与审批报告的格式和内容深度等标准，约 23 项。

——工程经济：主要包括核电建设工程费用估算、概算、预算、项目费用性质划分、清单计价规范、核电项目经济性评价的标准，约 39 项。

——总体与综合：主要涵盖核电厂总体设计、放射性物质多重屏障保护、纵深防御要求、核岛与流体系统设计、安全分析要求，以及核电厂基础通用标准等，约 161 项。

——消防：主要包括核电厂消防管理、防火设计、消防设备鉴定的标准。

——辐射防护：主要包括核电厂辐射源项分析和控制、辐射源屏蔽、个人和场所辐射监测、放射性流出物监测、受照剂量估算、辐射防护分区设计等方面的要求，不包括核设施通用的辐射防护、监测及其设备，不包括场外应急准备与响应，约 47 项。

——仪控电气：主要为针对核电厂专用仪表、控制、电气系统及设备的标准，包括反应堆控制和保护系统、堆芯仪表系统、过程检测和控制系统、热工监测和控制系统、辐射控制区出入监测系统、控制室、供电系统、应急柴油发电机组系统、安全壳电气贯穿件等方面；不包括反应堆通用的核仪表、控制、电气系统及设备，约 113 项。

——核燃料组件：主要为针对新燃料入厂和乏燃料出厂期间的燃料管理技术的标准化，包括与堆芯设计相关的燃料组件和相关组件的设计、堆芯燃料管理、乏燃料厂内贮存等；不包括核燃料制造和乏燃料处置相关的设计、制造、材料、检验、运输和贮存，约 36 项。

——土建工程：主要为针对施工管理、结构设计、结构材料、土建施工和检验技术、质量验收等方面的标准，不包括非核安全相关或无核电特殊要求的结构设计和土建施工，约 97 项。

——安装与调试：主要为针对安全重要系统和设备的安装技术、安全质量评价与验收的标准，以及安全重要系统和设备的调试、重要专项调试试验的标准，约 108 项。

——运营：主要为针对核电厂安全运行管理和技术的标准，包括核电厂安全运行管理、维修、设备老化与寿命管理技术、运行许可证延续、人因工程、化学处理等，约 133 项。

——在役检查：主要包括核岛机械设备役前检查和在役检查的标准，约 31 项。

现有核电标准体系内标准大致可划分产品、工艺、试验、基础、设计等不同类型，具体分布情况如下：

——产品标准：151 项；

——工艺标准：113 项；

——试验标准：55 项；

——基础标准：587 项；

——设计标准：263 项。

核电标准的发展趋势和标准制修订重点主要围绕能源行业核电标准化技术委员会制定的《中国先进压水堆核电标准体系建设三年行动计划（2022—2025）》而展开。后续将积极推动核电标准化发展由数量规模型向质量效益型转变。到 2025 年，持续优化和完善我国压水堆核电标准体系，夯实核电标准的技术基础，显著提升核电标准体系质量，形成一批原创性、通用性、自主化水平高的行业标准，建成一套自主、统一、协调、先进、与我国核电发展水平相适应的中国先进三代压水堆核电技术标准体系。各专业子体系后续标准制修订主要方向如下。

——机械设备：针对压水堆核电厂核岛机械设备设计、制造、检验验收等方面，基于前期技术路线统一研究成果和实际核电工程经验，重点开展两套核岛机械设备标准的融合修订工作。后续主要制修订以下几个方面的标准：1）设计标准方面，重点修订 GB/T 16702—2019，全面采用融合后的国产化核电材料标准，并统一不同技术路线核承压设备设计方法及指标要求等；2）材料标准方面，结合工业实践，整合修订现有核电材料标准，对于化学成分、力学性能要求相近的同类材料标准进行融合，重点针对主设备锻件、型材、无缝钢管、紧固件等材料开展标准制修订；3）暖通标准方面，制定工艺气体处理系统用压力容器、管道、热交换器、阀门，气体采样设备等标准，整合修订安全壳通风系统设备设计标准。

——前期工作：根据国家对环境影响评价的要求变化，进一步完善相关标准。编制《核电厂环境影响评价技术规程》，内容涵盖环境辐射监督性检测相关内容，进一步细化核电厂非放监测、厂址比选、环境风险评价等相关内容。

——工程经济：重点结合自主化核电工程项目中出现的新技术、新工艺、新材料进行研究，对涉及工程经济标准的要素进行数据统计与分析，并根据国家相关的经济政策，制定适合三代核电机型的经济标准，助推国内核电批量建设。

——总体与综合：我国现存堆型丰富、机型复杂，不同型号要达到相同的安全目标或经济目标等，因其设计理念的差异，在总体设计特别是系统级别的设计会出现较大差异，因此后续将根据行业需求总结凝练实践经验，重点围绕三代压水堆核电厂总体设计及系统设计等领域开展标准制修订，后续主要制修订以下几个方面的标准：核电厂总体设计或总体要求相关标准；核电厂主要工艺系统设计标准；核电厂系统和设备可靠性要求相关标准；概率安全分析相关标准；事故分析相关标准。

——消防：基于现有核电消防标准，逐步建立健全核电消防标准体系，有效支撑消防法律法规和部门规章。后续将根据消防行业最新的研究成果，建立相关消防设计和分析评价要求，如：核电厂防火准则、核电厂性能化火灾安全分析评价指南标准等；编制消防相关产品标准以及消防产品鉴定标准，如防火封堵、消火栓等。

——辐射防护：进一步补充制定自主三代压水堆核电辐射防护所需的标准，形成相对完善的辐射防护标准体系，后续主要制修订以下几个方面的标准：1）核电厂工作人员辐射防护技术和管理要求，如眼晶体剂量监测规范、职业危害风险管理规范、辐射安全业绩指标体系等；2）核电厂环境监测与试验相关标准，如辐射环境调查与评价技术规范、可居留空间新风系统流量的标准试验方法、核电厂个人和工作场所辐射监测（修订）、核电厂标准辐射监测与评价规程；3）核电厂辐射管理，如源项控制、辐射风险识别与管控规范、放射性热点控制、燃料破损辐射防护控制等；4）核电厂辐射屏蔽相关设施设备的技术要求。

——仪控电气：基于自主三代核电仪控和电气系统和设备相关工程实践经验，开展仪控电领域标准制修订：1）核电厂仪控和电气系统设备设计和分析评估等方面标准；2）仪控电设备试验、鉴定以及老化管理等方面标准；3）核电厂控制室设计验证和确认；4）核电厂人机接口设计要求。

——核燃料组件：核燃料组件专业标准在设计与验证标准方面较为薄弱，此外，对新研制的核燃料组件审评要求尚缺乏标准作为支撑依据，因此，后续核燃料组件标准的制修订主要考虑以下：核燃料组件设计要求、设计分析方法、堆外试验等方面标准；针对《核动力厂新研制核燃料组件审评指南》中部分要求尚无标准支撑的项目，如核燃料组件交混系数测量，验证包壳蠕变坍塌的外压试验，开展相关标准预先研究。

——土建工程：重点针对核电厂建构筑物结构设计、施工方法等领域的新技术、新工艺开展标准制修订，后续主要制修订以下几个方面的标准：1）核电厂重要土建结构设计与分析评价标准；2）核电厂重要建构筑物施工及验收标准；3）核电厂装配式建筑技术相关标准；4）核电厂专用的混凝土、封堵材料等相关技术标准；5）施工管理及安全等相关标准。

——安装与调试：主要分为机电安装和调试两部分，其中机电安装包含：设备安装、管道安装、通风安装、电气安装、仪表安装等；调试包含：调试管理、通用试验、预运行试验、装料和启动试验和专项试验等。后续主要制修订以下几个方面的标准：1）机电安装所必需的焊接与无损检测技术标准；2）机电安装数字化技术标准，如精密三维控制网测量、BIM

技术等；3）核电厂的特殊设备或物项调试标准，如屏蔽泵型主泵等；4）对不同技术路线电厂的联调与机组启动类调试标准融合修订。

——运营：进一步健全完善三代核电运行阶段所需的标准，包括运行管理、安全防护、维修、运营技术、设备管理、信息化以及退役等方面。后续主要制修订以下几个方面的标准：1）核电厂人因管理、经验反馈、质量保证、同行评估等方面标准；2）核电厂核安全文化、实体保卫方面标准；3）核岛机械设备在役试验标准；4）设备可靠性要求以及备品备件管理标准；5）核电厂数据管理相关标准。

——在役检查：基于现有的核岛机械设备在役检查规则，结合目前国内核电厂在役检查实践经验，开展配套标准的制修订，进一步完善核电厂在役检查标准体系，后续主要制修订以下几个方面的标准：1）核电厂在役检查规则方面，补充制定核电厂设备专项在役检查规则；2）核电厂在役无损检验方面，制定以压力容器、蒸汽发生器、压力管道、汽轮机及其他部件作为检验对象的特定检测技术标准；3）在役检查能力验证方面，制定能力验证管理要求和能力验证技术要求等相关标准；4）核电厂核承压设备在役检查缺陷分析评价标准。

三、团体标准

（一）中国核学会团体标准

2016 年 8 月，中国核学会首次发布 T/CNS 1—2016《辐射加工用电子加速器装置运行维护管理通用规范》等两项团体标准，填补了国内核工业团体标准空白。截至 2023 年 6 月，中国核学会共发布 126 项团体标准。其中中文版团体标准 92 项，英文版团体标准 34 项，双语版本占比达 37%，详见表 3-3。

表 3-3　中国核学会团体标准统计表

标准编号	中文名称	标准类型
T/CNS 1—2016	辐射加工用电子加速器装置运行维护管理通用规范	其他
T/CNS 2—2016	卓越核安全文化基本原则	基础
T/CNS 3—2018	核电厂金属材料高温高压水中划伤再钝化试验方法	试验标准
T/CNS 4—2018	核电厂金属材料高温高压水中腐蚀疲劳试验方法	试验标准
T/CNS 5—2018	核电厂金属材料高温高压水中应力腐蚀裂纹扩展试验方法	试验标准
T/CNS 6—2018	核电厂金属材料高温高压水中电化学试验方法	试验标准
T/CNS 7—2018	辐射流行病学调查技术规范	其他
T/CNS 8—2018	电子束处理印染和造纸工业废水技术规范	工艺标准
T/CNS 9—2018	食品辐照用电离辐射处理食品的辐照过程的开发、确认和常规控制要求	工艺标准
T/CNS 10—2019	车载式医用数字 X 射线摄影系统放射防护设施设计要求	设计标准
T/CNS 11—2019	纸包装光油电子束固化技术规范	工艺标准
T/CNS 12—2019	压水堆核电厂金属材料环境疲劳影响模型	其他
T/CNS 13—2019	核电厂金属材料高温高压水中模拟辐照促进应力腐蚀开裂敏感性试验方法	试验标准
T/CNS 14—2019	核电厂金属材料高温高压水中缝隙腐蚀试验方法	试验标准
T/CNS 15—2019	核电厂金属材料高温高压水中切向微动磨损试验方法	试验标准
T/CNS 16—2020	金属和合金在液态铅合金中腐蚀减薄量测定	试验标准
T/CNS 17—2020	核电厂安全端异种金属焊接接头微观结构表征和力学性能测试方法	试验标准
T/CNS 18—2020	核电厂金属材料高温高压水中电偶腐蚀试验方法	试验标准
T/CNS 19—2020	核电厂金属材料高温高压水中腐蚀疲劳裂纹扩展试验方法	试验标准
T/CNS 20—2020	核电厂金属材料高温高压水中交变条件下的微动磨损试验方法	试验标准
T/CNS 21—2020	核电厂金属材料高温高压水中微动疲劳试验方法	试验标准
T/CNS 22—2020	高温气冷堆核动力厂辐射防护设计准则	设计标准
T/CNS 23—2020	高温气冷堆核动力厂工况分类	设计标准
T/CNS 24—2020	高温气冷堆核动力厂假想管道破损事故防护设计准则	设计标准
T/CNS 25—2020	高温气冷堆核动力厂控制棒驱动机构设计准则	设计标准
T/CNS 26—2020	高温气冷堆核动力厂吸收球系统落球装置设计准则	设计标准
T/CNS 27—2020	高温气冷堆核动力厂一回路压力泄放系统设计准则	设计标准
T/CNS 28—2020	高温气冷堆核动力厂核设计准则	设计标准

续表

标准编号	中文名称	标准类型
T/CNS 29—2020	高温气冷堆核动力厂堆芯热工流体设计准则	设计标准
T/CNS 30—2020	高温气冷堆核动力厂反应堆冷却剂系统设计准则	设计标准
T/CNS 31—2020	高温气冷堆核动力厂燃料装卸系统设计准则	设计标准
T/CNS 32—2020	高温气冷堆核动力厂乏燃料贮存系统设计准则	设计标准
T/CNS 33—2020	高温气冷堆核动力厂主蒸汽与主给水系统设计准则	设计标准
T/CNS 34—2020	高温气冷堆核动力厂氦净化与氦辅助系统设计准则	设计标准
T/CNS 35—2020	高温气冷堆核动力厂一回路气体采样和分析系统设计准则	设计标准
T/CNS 36—2020	高温气冷堆核动力厂核岛供热、通风与空调系统设计准则	设计标准
T/CNS 37—2020	高温气冷堆核动力厂主控制室可居留区设计准则	设计标准
T/CNS 38—2020	高温气冷堆核动力厂核岛防火设计准则	设计标准
T/CNS 39—2020	高温气冷堆核动力厂反应堆保护系统设计准则	设计标准
T/CNS 40—2020	高温气冷堆核动力厂控制系统设计准则	设计标准
T/CNS 41—2020	高温气冷堆核动力厂仪表系统设计准则	设计标准
T/CNS 42—2020	高温气冷堆核动力厂应急电力系统设计准则	设计标准
T/CNS 43—2020	高温气冷堆核动力厂球形燃料组件设计准则	设计标准
T/CNS 44—2020	高温气冷堆核动力厂一回路压力容器设计准则	设计标准
T/CNS 45—2020	高温气冷堆核动力厂陶瓷堆芯支承结构设计准则	设计标准
T/CNS 46—2020	高温气冷堆核动力厂主氦风机设计准则	设计标准
T/CNS 47—2021	核电厂用金属材料高温高压水中金属离子溶出速率试验方法	试验标准
T/CNS 48—2021	核电厂金属材料高温高压水中应力腐蚀裂纹萌生试验方法	试验标准
T/CNS 49—2021	核电厂金属材料高温高压水中应力腐蚀试验方法——慢应变速率试验	试验标准
T/CNS 50.1—2021	核电厂用奥氏体不锈钢构筑成形工艺技术要求 第 1 部分：连铸板坯	试验标准
T/CNS 50.2—2021	核电厂用奥氏体不锈钢构筑成形工艺技术要求 第 2 部分 组坯封焊	试验标准
T/CNS 50.3—2021	核电厂用奥氏体不锈钢构筑成形工艺技术要求 第 3 部分 锻造加热	试验标准
T/CNS 51.1—2021	核电厂用合金钢构筑成形工艺技术要求 第 1 部分 连铸板坯	试验标准
T/CNS 51.2—2021	核电厂用合金钢构筑成形工艺技术要求 第 2 部分 组坯封焊	试验标准
T/CNS 51.3—2021	核电厂用合金钢构筑成形工艺技术要求 第 3 部分 锻造加热	试验标准
T/CNS 52—2021	核电厂金属材料高温高压水中环境促进开裂声发射监测试验方法	试验标准

续表

标准编号	中文名称	标准类型
T/CNS 53—2021	反应堆压力容器顶盖贯穿件 J 坡口焊缝 模拟件残余应力检测方法	试验标准
T/CNS 54—2022	放射化工用高耐蚀材料腐蚀速率挂片测定方法	试验标准
T/CNS 55—2022	核电厂安全重要电气设备和系统文件的标识要求	其他
T/CNS 56—2022	核电厂安全重要电气设备鉴定	其他
T/CNS 57—2022	高温气冷堆核动力厂石墨粉尘去污导则	其他
T/CNS 58—2022	高温气冷堆核动力厂蒸汽发生器二回路侧停（备）用腐蚀防护导则	其他
T/CNS 59—2022	高温气冷堆核动力厂安全基准变更风险准则	其他
T/CNS 60—2022	高温气冷堆核动力厂反应堆首次装料及初始临界试验	试验标准
T/CNS 61—2022	高温气冷堆核动力厂堆功率阶跃和线性变化动态响应试验导则	试验标准
T/CNS 62—2022	高温气冷堆核动力厂氦气流量控制系统闭环试验导则	试验标准
T/CNS 63—2022	高温气冷堆核动力厂核功率控制系统闭环试验导则	试验标准
T/CNS 64—2022	高温气冷堆核动力厂热氦温度控制系统闭环试验导则	试验标准
T/CNS 65—2022	高温气冷堆核动力厂输出热功率控制系统闭环试验导则	试验标准
T/CNS 66—2022	高温气冷堆核动力厂一回路气压试验导则	试验标准
T/CNS 67—2022	高温气冷堆核动力厂一回路首次加热除湿试验导则	试验标准
T/CNS 68—2022	高温气冷堆核动力厂蒸汽发生器给水流量控制系统闭环试验导则	试验标准
T/CNS 69—2022	高温气冷堆核动力厂蒸汽温度控制系统闭环试验导则	试验标准
T/CNS 70—2022	高温气冷堆核动力厂主氦风机调试试验导则	试验标准
T/CNS 71—2022	高温气冷堆核动力厂金属监督技术规程	其他
T/CNS 72—2022	高温气冷堆核动力厂特种设备安全管理规则	其他
T/CNS 73—2022	高温气冷堆核动力厂蒸汽发生器传热管堵管导则	其他
T/CNS 74—2022	高温气冷堆核动力厂氦气使用要求	其他
T/CNS 75—2022	高温高压水环境燃料包壳污垢沉积试验方法	试验标准
T/CNS 76—2022	核电厂蒸汽发生器传热管表面划伤应力腐蚀敏感性试验方法	试验标准
T/CNS 77—2022	金属材料液态铅铋控氧环境中腐蚀浸泡试验方法	试验标准
T/CNS 78—2022	金属材料液态铅铋控氧环境中慢拉伸试验方法	试验标准
T/CNS 79—2022	压水堆用燃料包壳管高温高压水中切向微动磨损实验方法	试验标准
T/CNS 80—2022	核电厂不锈钢材料热老化试验方法	试验标准

续表

标准编号	中文名称	标准类型
T/CNS 81—2022	电荷耦合器件质子位移损伤效应模拟试验方法	试验标准
T/CNS 82—2022	宇航用静态随机存储器总剂量辐射效应试验方法	试验标准
T/CNS 83—2022	核电厂工业数据安全管理导则	其他
T/CNS 84—2022	耐高温纤维织物辐照性能评价方法	其他
T/CNS 85—2022	反应堆压力容器辐照监督 材料拉伸试验方法	试验标准
T/CNS 86—2022	核电厂凝汽器钛管涡流检测技术导则	试验标准
T/CNS 87—2022	压水堆核电厂未堆熔的设计扩展工况清单分析导则	其他
T/CNS 88—2022	电子束处理医疗机构污水技术规范	工艺标准

从表3-3可以看出，学会目前已发布的标准大多为设计标准和试验标准，分别占总量的28.3%和50%，主要集中在高温气冷堆设计和核电厂金属材料性能试验。产品标准、工艺标准和基础标准相对较少。各标准类别的数量分布反映出学会学术性团体的属性特点。

未来的发展趋势和标准制修订重点是：鼓励核电设计与建造、核燃料循环、放射性同位素药物等重要产业链、供应链上下游单位联合制定团体标准；主动对接高温气冷堆、模块化多用途小堆、快堆等先进堆型示范工程，积极布局型号标准；促进基础研究领域新方法、新模型、新工具的标准化工作，抢占核医疗、铀材料分析、金属材料试验等基础研究领域；推动碳排放衡算、核聚变、增材制造等社会关注度高，标准化意义重大的核技术领域，研制原创高质量团体标准。

（二）中国核能行业协会团体标准

中国核能行业协会团体标准建立了标准体系框架结构图，涉及多个领域，如图3-5所示。与核工业国家标准和行业标准的覆盖范围相比，中国核能行业协会团体标准体系涵盖的专业领域大致相同，但后者的子体系划分有其特色，如体系中将新技术集中的软件与信息化工程从仪控电领域独立出来，单独成立专业组，更加聚焦行业新技术发展。

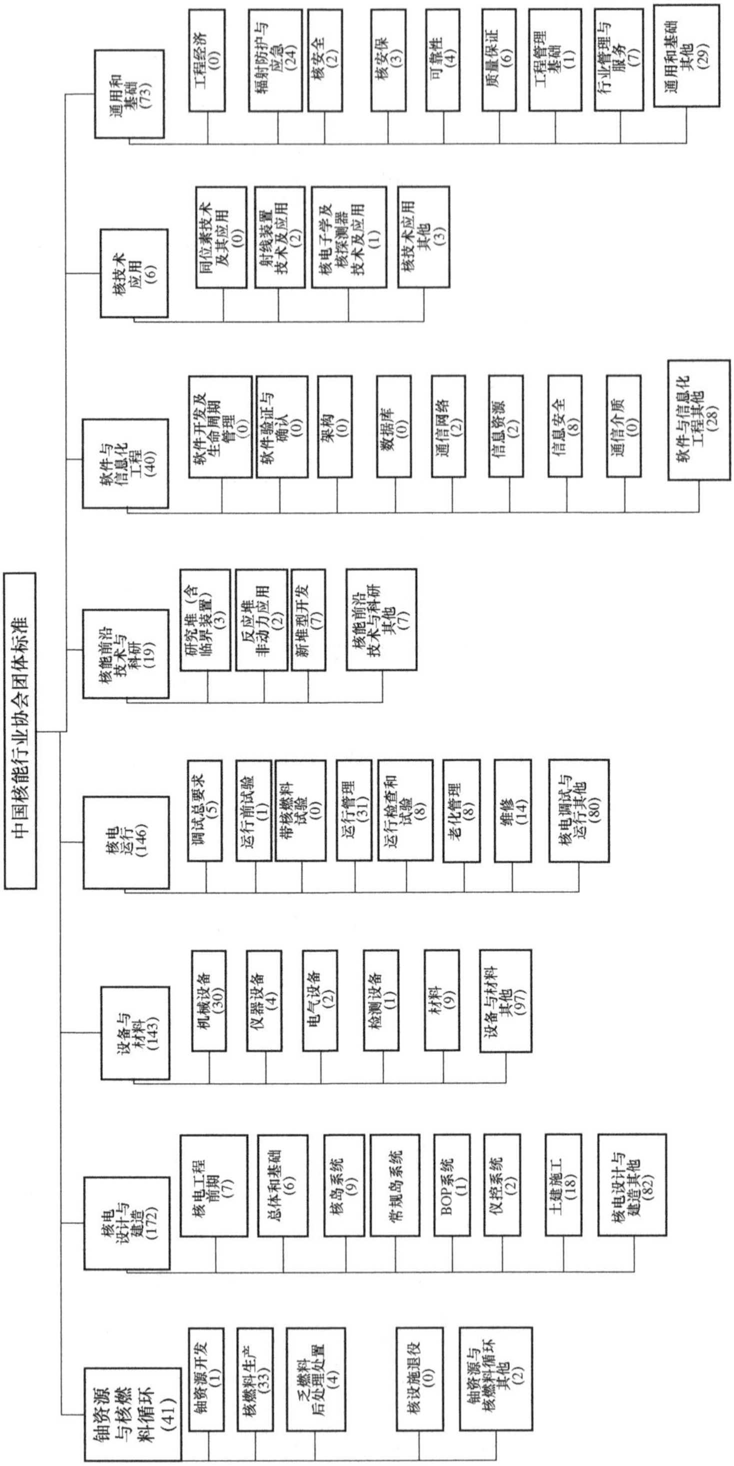

图3-5 中国核能行业协会标准体系框图

截至目前，中国核能行业协会已立项400余项，其中，已发布182项（106项系列标准）、50余项正在编制过程中，另有近200项已通过立项。从数据看，中国核能行业协会团体标准的需求非常旺盛，许多单位积极将自身良好实践转化为团体标准，这些标准能够反映市场需求情况。已发布182项主要集中在设计标准、工艺标准及试验标准3种类型上，如下：

——产品标准，5项；

——工艺标准，31项；

——试验标准，28项；

——设计标准，78项；

——基础标准，40项。

对于未来一段时间内中国核能行业协会团体标准的发展，已梳理形成了大量的标准提案，一方面是将各单位的良好实践制定成团体标准；另一方面是围绕一些先进成果和热点技术转化为团体标准。

（三）中国同位素与辐射行业协会素材

中国同位素与辐射行业协会涉及的技术领域是利用同位素或射线产生装置释放产生的各类射线与物质发生相互作用来研究和改造物质，其发布的团体标准全部可以嵌入核技术应用标准体系各个子模块。截至2023年7月，协会现行团体标准共计42项（其中3项为中英双语版本），详见表3-4，其中产品标准15项、工艺标准13项、设计标准6项、试验标准4项、基础标准4项。

表3-4　CIRA团体标准

标准编号	标准名称	标准分类
T/CIRA 1—2019	γ辐照装置退役规范	基础标准
T/CIRA 2—2019	辐照装置食品加工剂量学导则	基础标准
T/CIRA 3—2019	碳［^{13}C］–尿素	产品标准
T/CIRA 4—2019	辐射加工吸收剂量计算方法的选择和使用	基础标准

续表

标准编号	标准名称	标准分类
T/CIRA 5—2019	放射性药物生产场所辐射安全设计要求	设计标准
T/CIRA 1—2020	辐射接枝去白细胞过滤膜（中英双语）	工艺标准
T/CIRA 2—2020	基于组织的生物制品和组织产品辐射灭菌指南	工艺标准
T/CIRA 3—2020	休闲食品辐照质量控制技术规范	工艺标准
T/CIRA 4—2020	含 ^{14}C 生物废物管理规定	基础标准
T/CIRA 5—2020	辐照业务管理信息系统基本功能	设计标准
T/CIRA 6—2020	休闲肉制品电子束辐照加工工艺规范	工艺标准
T/CIRA 7—2020	子午线轮胎电子束辐射预硫化规范	工艺标准
T/CIRA 8—2020	药用尿素［^{14}C］	产品标准
T/CIRA 9—2020	三氯化镥［^{177}Lu］溶液	产品标准
T/CIRA 10—2020	辐射交联氯化聚乙烯绝缘电缆	产品标准
T/CIRA 11—2020	立体定向放射治疗系统用钴-60γ 放射源	产品标准
T/CIRA 12—2020	工业仪表用氪-85 测厚源	产品标准
T/CIRA 13—2020	辐射法制备医用水凝胶技术规范（中英双语）	工艺标准
T/CIRA 14—2020	管道焊缝 X 射线数字成像检测方法	试验标准
T/CIRA 20—2021	花生及饲料用花生粕中黄曲霉素 B1 辐照消解规范	工艺标准
T/CIRA 21—2021	干果类产品电子束辐照工艺规范	工艺标准
T/CIRA 22—2021	多功能放射性药物自动化合成模块使用要求	设计标准
T/CIRA 23—2021	麦冬、大黄、川芎、白芷和附子电子束辐照工艺规范	工艺标准
T/CIRA 24—2021	假密封源的氦质谱检漏规程	试验标准
T/CIRA 25—2021	氯化铜［^{64}Cu］溶液	产品标准
T/CIRA 26—2021	碘［^{123}I］化钠溶液	产品标准
T/CIRA 27—2021	锗［^{68}Ge］校正源	产品标准
T/CIRA 28—2021	高压谐振变压器型电子加速器	产品标准
T/CIRA 29—2022	冷链食品表面的新型冠状病毒辐照灭活剂量要求	试验标准
T/CIRA 30—2022	大豆膳食纤维粉及制品辐照灭菌工艺规范	工艺标准
T/CIRA 31—2022	电子束辐射板材涂层固化工艺	工艺标准
T/CIRA 32—2022	电子束辐射法制备发泡片材工艺	工艺标准

续表

标准编号	标准名称	标准分类
T/CIRA 33—2022	辐射法制备农林保水剂工艺	工艺标准
T/CIRA 34—2022	辐照电线电缆束下传输装置	产品标准
T/CIRA 35—2022	自体颅骨组织库（中英双语）	产品标准
T/CIRA 36—2022	核医学科建设规范	设计标准
T/CIRA 37—2022	基于 X 射线成像技术的铁路货物集装箱快速检查系统	产品标准
T/CIRA 38—2022	基于中子和 X 射线融合成像技术的航空集装货物检查系统	产品标准
T/CIRA 39—2022	分布式静态 X 射线源计算机断层成像安全检查系统	产品标准
T/CIRA 40—2022	同位素生产回旋加速器 控制与安全联锁系统设计要求	设计标准
T/CIRA 41—2022	同位素生产回旋加速器 液态靶验收规范	设计标准
T/CIRA 42—2022	辐射加工用电子加速器束流扫描均匀性检测 铝棒法	试验标准

从表 3-4 可以看出，中国同位素与辐射行业协会团体标准大多为产品标准和工艺标准，占总量的 2/3，涉及领域包含放射源、放射性同位素溶液和加速器等产品以及工业、农业、食品和医学等辐照加工、灭菌工艺。设计标准、试验标准和基础标准相对较少。各标准类别的数量分布一定程度反映出协会团体标准与市场联系紧密的特点。

考虑未来的发展趋势和标准制修订重点，由于我国核技术应用产业近几年蓬勃发展，已遍及工业、农业、医疗卫生和环保等领域，形成了一个新兴的产业群体。截至 2022 年年底，全国从事生产、销售、使用放射性同位素和射线装置的单位约 10 万家，在用放射源约 16 万枚，各类射线装置约 26 万台。2021 年 6 月，国家国防科技工业局等八部委联合发布了《医用同位素中长期发展规划（2021—2035 年）》（简称“规划”），提出我国将逐步建立稳定自主的医用同位素供应保障体系，满足人民日益增长的健康需求，为建成“健康中国、平安中国、美丽中国”提供了坚强保障。这给国内核技术应用产业提出了新的发展目标和要求：一方面，根据“规划”和核技术应用标准体系表的顶层设计，预计更加关注同位素制品、高端核医疗装备等领域；另一方面，积极制定放射性药物原料液、核医疗装备等相关标准。因此未来标准的制修订重点包括关键同位素的产品、工艺标准和配套高端医疗装备的标准，推动规划和体系表的落实，保障我国放射性同位素产品供应，增进人民福祉。

第二节　核工业专利发展现状与趋势

随着国内外发展环境发生深刻变化，创新型国家建设深入推进，在“科技自立自强”的时代议题下，知识产权保护已被提升至前所未有的高度。习近平总书记把握世界大势，立足科技强国建设，多次强调要高度重视知识产权工作，对全面加强知识产权保护提出了一系列新思想、新论断、新要求。《知识产权强国建设纲要（2021—2035 年）》指出：“统筹推进知识产权强国建设，全面提升知识产权创造、运用、保护、管理和服务水平，充分发挥知识产权制度在社会主义现代化建设中的重要作用”；“十四五”国家知识产权保护和运用规划指出，“知识产权保护工作关系国家治理体系和治理能力现代化，关系高质量发展，关系人民生活幸福，关系国家对外开放大局，关系国家安全”；党的二十大报告指出，“加强知识产权法治保障，加快实现高水平科技自立自强”“积极安全有序发展核电”。

党的十八大以来，我国知识产权事业发展取得显著成效，知识产权法规制度体系逐步完善，知识产权保护效果、运用效益和国际影响力显著提升，全社会知识产权意识大幅提高。当前，国家知识产权事业已经进入新发展阶段，知识产权作为国家发展战略性资源和国际竞争力核心要素的作用更加凸显。我国核工业始终把打造具有完全自主知识产权的核电研发设计、核燃料生产、装备制造、工程建设、核电运营等作为矢志不渝的努力目标，坚持自主创新，大力协同，奋发进取，推动核工业高质量发展。

一、核工业专利发展现状

2020—2022 年，核工业相关的中国专利申请或中国专利共计分别为 9 754 件、12 663 件、16 539 件，其中公开的专利申请分别为 4 582 件、5 950 件、7 691 件，公告的授权专利分别为 5 172 件、6 713 件、8 848 件。核工业中国专利数量呈现持续增长态势。在专利整体数量上，2021 年相较于 2020 年涨幅为 29.8%，2022 年相较于 2021 年涨幅为 31%；在公开专利申请数量方面，2021 年相较于 2020 年涨幅为 29.9%，2022 年相较于 2021 年涨幅为 29.3%；在公告专利授权数量方面，2021 年相较于 2020 年涨幅为 29.8%，2022 年相较于 2021 年涨幅为 31.8%。可以看出，核工业中国专利的总量、公开专利申请数量以及公告专利授权数量的年涨幅均较为稳定。

核工业作为各国家战略性高科技行业，其技术门槛高、技术集中程度高。核工业相关专利集中在主要拥核国家核科技创新实力较强的大型企业集团中。由表 3-5 可知，近三年以来，中、法、美、俄、韩等国是重要的核工业技术研创区域，核心专利技术主要集中于以中国核工业集团有限公司（简称“中核”）、中国广核集团有限公司（简称“中广核”）、国家电力投资集团有限公司（简称“国家电投”）、中国华能集团有限公司（简称“中国华能”）、中国工程物理研究院（简称“中物院”）、中国科学院（简称“中科院”）等为代表的中国创新主体和以法国法马通公司（FRAMATOME）、法国原子能和替代能源委员会（CEA）、俄罗斯国家原子能公司（ROSATOM）、美国西屋电气集团公司（WESTINGHOUSE）、加拿大坎杜能源公司（CANDU）、韩国原子力研究院（KAERI）、韩电原子力燃料株式会社（KEPCO NUCLEAR FUEL）、纽斯高动力有限责任公司（NUSCALE POWER）、泰拉能源公司（TERRAPOWER）为代表的外国创新主体。

表 3-5 核工业中国专利情况

时间范围	2020.01—2020.12		2021.01—2021.12		2022.01—2022.12	
专利类型	公开专利申请	获得授权专利	公开专利申请	获得授权专利	公开专利申请	获得授权专利
专利数量	4 582 件	5 172 件	5 950 件	6 713 件	7 691 件	8 848 件
中国主要创新主体	中核、中广核、国家电投、中物院		中核、中广核、国家电投、中国华能、中科院、中物院		中核、中广核、国家电投、中国华能、中科院、西安交通大学	
外国主要创新主体（在华布局核工业专利数量）	CEA（17）FRAMATOME（16）ROSATOM（16）WESTINGHOUSE（13）CANDU（10）KAERI（8）		FRAMATOME（17）CEA（9）ROSATOM（8）SIEMENS HEALTHCARE GMBH（6）WESTINGHOUSE（5）NUSCALE POWER（5）		FRAMATOME（22）CEA（21）ROSATOM（18）WESTINGHOUSE（16）KEPCO NUCLEAR FUEL（7）TERRAPOWER（5）	
中国创新主体（全球布局核工业专利数量）	中国（9548）、欧洲专利组织（7）、美国（6）、日本（6）、英国（5）、韩国（3）		中国（12470）、世界知识产权组织（89）、美国（21）、欧洲专利局（12）、英国（5）、俄罗斯（4）、日本（3）、韩国（2）		中国（16348）、世界知识产权组织（63）、美国（28）、欧洲专利局（12）、英国（5）、日本（5）、澳大利亚（3）、南非（3）、俄罗斯（2）、法国（2）	
外国创新主体（全球布局核工业专利数量）	中国（206）、美国（149）、欧洲专利组织（143）、韩国（122）、日本（85）、加拿大（82）、法国（49）、俄罗斯（39）		中国（190）、世界知识产权组织（151）、美国（149）、欧洲专利组织（143）、韩国（104）、日本（95）、加拿大（51）、俄罗斯（36）、巴西（30）、法国（24）		中国（191）、世界知识产权组织（157）、美国（130）、欧洲专利组织（128）、韩国（94）、日本（81）、加拿大（62）、俄罗斯（41）、法国（37）、巴西（21）	

由于专利制度的地域性特点，任何一件专利所能发挥的作用都是限定在特定地域范围内的。根据参与市场竞争的需要，在全球范围内确定需要进行专利保护的区域，制定区域专利申请部署规划，能够保障创新主体在相关地域中处于有利的竞争地位。2020—2022 年，中国创新主体除在中国开展专利布局外，在世界知识产权组织、欧洲专利组织、美国、日本、英国等都开展了一定数量的专利布局工作；外国创新主体主要布局国家/地区除中国外，还包括美国、世界知识产权组织、欧洲专利组织、韩国、日本和加拿大等。

二、核工业专利发展趋势

（一）专利申请时间趋势

2020—2022 年，公开、公告的我国核工业专利的申请时间分别分布于 2014—2020 年、2010—2021 年和 2014—2022 年，申请年代的跨度保持在 7～11 年左右。

1. 近三年中国创新主体申请时间趋势

如表 3-6～表 3-8 所示，在近三年（2020—2022 年），对于中国创新主体拥有的核工业中国发明专利申请，申请时间基本均处于 2016—2022 年。《中华人民共和国专利法》规定，国务院专利行政部门收到发明专利申请后，经初步审查认为符合本法要求的，自申请日起满十八个月，即行公布。国务院专利行政部门也可以根据申请人的请求早日公布其申请，即发明专利申请从发出初审合格通知书起进入公布阶段。此外，近三年来，在中国创新主体专利申请中，每年都有超过半数的发明专利申请为同年申请并公开，说明中国创新主体倾向于通过请求早日公布的形式及早获得授权。

对于中国创新主体拥有的核工业授权专利，在 2020—2022 年，专利申请时间基本分布于 2016—2022 年。根据我国目前的审查周期，实用新型和外观设计的审查周期平均控制在 1 年以内，发明专利的审查周期平均为 1～3 年。

近三年以来，中国创新主体拥有的核工业授权专利中，各专利类型占比如下：发明专利分别为 1 651 件（32%）、1 959 件（29%）和 3 477 件（40%），实用新型专利分别为 3 387 件（66%）、4 568 件（69%）和 5 121 件（58%），外观设计专利分别为 72 件（2%）、112 件（2%）和 161 件（2%）。可以看出，近三年核工业中国创新主体专利以实用新型专利为主，2020 年和 2021 年实用新型专利占比均超过 60%，而这一数据在 2022 年有所下降，发明专利占比在 2022 年首次达到 40%。此外，外观设计专利占比每年稳定保持在 2%。

近两年国家相继出台了若干项知识产权相关重要文件，对我国知识产权整体未来发展提出了指导性目标及发展路线。2020 年国资委、国家知识产权局发布的《关于推进中央企业知识产权工作高质量发展的指导意见》，其总体目标包括“到 2025 年，中央企业有效发明专利拥有量占有效专利拥有量的比重达到 50%以上”[10]。在国家相关政策的引导下，中央企业积极谋划知识产权战略转型、转段工作，不断提升发明专利数量占比，共筑核工业知识产权高质量发展的快速路。如图 3-6 所示。

表 3-6　2020 年中国创新主体核工业专利申请时间分布

申请年份/年	公开发明专利申请	授权专利				总计
		发明	实用新型	外观设计	授权合计	
2014	—	7	—	—	7	7
2015	—	36	—	—	36	36
2016	—	123	—	—	123	123
2017	1	375	3	—	378	379
2018	326	685	80	—	765	1 091
2019	1 523	408	2578	35	3 021	4 544
2020	2 588	17	726	37	780	3 368
总计	4 438	1 651（32.3%）	3 387（66.3%）	72（1.4%）	5 110	9 548

表 3-7　2021 年中国创新主体核工业专利申请时间分布

申请年份/年	公开发明专利申请	授权专利				总计
		发明	实用新型	外观设计	授权合计	
2010	—	1	—	—	1	1
2011	—	—	—	—	—	—
2012	—	—	—	—	—	—

续表

申请年份/年	公开发明专利申请	授权专利				总计
		发明	实用新型	外观设计	授权合计	
2013	—	1	—	—	1	1
2014	—	1	—	—	1	1
2015	—	19	—	—	19	19
2016	1	63	—	—	63	64
2017	—	202	—	—	202	202
2018	6	462	2	—	464	470
2019	349	753	58	1	812	1 161
2020	2 132	400	3 255	52	3 707	5 839
2021	3 346	57	1 253	59	1 369	4 715
总计	5 834	1 959（29.5%）	4 568（68.8%）	112（1.7%）	6 639	12 473

表 3-8　2022 年中国创新主体核工业专利申请时间分布

申请年份/年	公开发明专利申请	授权专利				总计
		发明	实用新型	外观设计	授权合计	
2014	—	1	—	—	1	1
2015	—	9	—	—	9	9
2016	1	18	—	—	18	19
2017	1	69	—	—	69	70
2018	3	277	1	—	278	281
2019	3	572	—	—	572	575
2020	471	1 292	78	1	1 371	1 842
2021	3 044	1 106	3 069	74	4 249	7 293
2022	4 066	133	1 973	86	2 192	6 258
总计	7 589	3 477（29.5%）	5 121（68.8%）	161（1.7%）	8 759	16 348

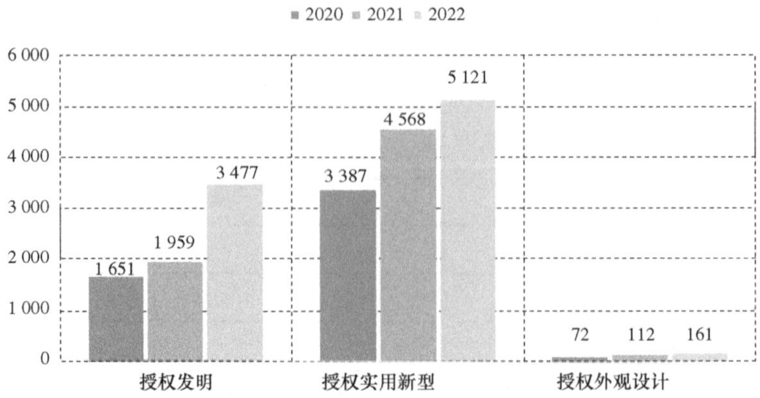

图 3-6　中国创新主体授权核工业专利类型分布

2. 近三年外国创新主体申请时间趋势

如表 3-9～表 3-11 所示，在 2020—2022 年，对于外国创新主体拥有的核工业中国发明专利申请，申请时间基本均处于 2015—2022 年。近三年的核工业中国专利申请总量为 587 件，其中 582 件（占比 99%）为创造性审查要求较高的发明专利申请，说明外国创新主体拥有的核工业专利申请虽然数量较少，但质量相对较高。

近三年中，中国创新主体核工业专利申请的申请时间略晚于外国创新主体，造成这一现象的主要原因为外国创新主体在中国布局的专利是通过 PCT 国际申请及巴黎公约途径进入中国，这侧面体现出外国创新主体较强的专利布局意识和能力，相较我国创新主体专注于本国市场专利布局，外国创新主体在立足本国市场的基础上也非常注重对技术来源国和目标出口国的专利风险规避。

表 3-9　2020 年外国创新主体在核工业中国专利申请时间情况

申请年份/年	公开发明专利申请	授权专利				总计
		发明	实用新型	外观设计	授权合计	
2010	—	2	—	—	2	2
2011	—	1	—	—	1	1

续表

申请年份/年	公开发明专利申请	授权专利				总计
		发明	实用新型	外观设计	授权合计	
2012	—	—	—	—	—	—
2013	—	—	—	—	—	—
2014	—	4	—	—	4	4
2015	2	21	—	—	21	23
2016	1	28	1	—	29	30
2017	13	4	—	—	4	17
2018	96	—	—	—	—	96
2019	28	—	—	—	—	28
2020	4	—	1	—	1	5
总计	144（其中 PCT124 件）	60（96.8%）	2（3.2%）	—	62（其中 PCT51 件）	206

表 3-10　2021 年外国创新主体在核工业中国专利申请时间情况

申请年份/年	公开发明专利申请	授权专利				总计
		发明	实用新型	外观设计	授权合计	
2011	—	1	—	—	1	1
2012	—	—	—	—	—	—
2013	—	1	—	—	—	1
2014	—	—	—	—	—	—
2015	1	6	—	—	6	7
2016	2	33	—	—	33	35
2017	1	17	—	—	17	18
2018	14	10	—	—	10	24
2019	65	3	—	—	3	68
2020	26	2	1	—	3	29
2021	7	—	—	—	—	7
总计	116（其中 PCT94 件）	73（38.4%）	1（0.5%）	—	74（其中 PCT53 件）	190

表 3-11　2022 年外国创新主体在核工业中国专利申请时间情况

申请年份/年	公开发明专利申请	授权专利				总计
		发明	实用新型	外观设计	授权合计	
2014	—	2	—	—	2	2
2015	—	1	—	—	1	1
2016	2	18	—	—	18	20
2017	—	30	—	—	30	30
2018	1	24	—	—	24	25
2019	15	11	—	—	11	26
2020	60	1	—	—	1	61
2021	17	—	1	—	1	18
2022	7	—	1	—	1	8
总计	102（其中 PCT99 件）	87（97.8%）	2（2.2%）	—	89（其中 PCT67 件）	191

（二）专利技术领域发展趋势

核工业中国专利在核领域按照相应技术类别，可划分为反应堆、核电建设及运行、核燃料循环、核技术应用等技术领域。如表 3-12 所示，2020—2022 年，核工业专利在核电建设及运行领域，近三年专利数量分别为 4 870、6 119、8 260 件，专利数量逐年攀升。且该技术领域在全部技术领域中，每年专利数量占比均接近 50%，可以看出核工业中国专利布局主要聚焦于该技术领域；核技术应用领域近年来专利数量与专利占比持续提升，专利数量由 2020 年的 1 300 余件增长至 2022 年的近 4 000 件。在 2022 年，该技术领域专利占比首次超过 20%；核燃料循环领域专利数量近三年基本保持在 2 000 件左右，但在 2022 年，该技术领域的专利占比出现下降趋势，近三年下降总幅度约为 10%；反应堆技术领域专利数量由 900 余件增长至 2 000 余件，专利数量出现一定涨幅，且该技术领域专利数量占比较为稳定，近三年来保持在 10%左右，2021、2022 年的占比略高于 2020 年。

表 3-12　核工业中国专利技术领域分布情况

技术领域	2020 年	2021 年	2022 年
反应堆	912 件，9.4%	1 699 件，13.4%	2 047 件，12.4%
核电建设及运行	4 870 件，49.9%	6 119 件，48.3%	8 260 件，49.9%
核燃料循环	2 151 件，22.1%	2 140 件，16.9%	1 930 件，11.7%
核技术应用	1 303 件，13.4%	2 207 件，17.4%	3 799 件，23.0%
其他	518 件，5.2%	498 件，4.0%	503 件，3.0%

下面，以核工业专利中国创新主体、外国创新主体分别为研究对象，开展专利技术领域发展趋势分析。

1. 近三年中国创新主体在核领域发展趋势

如表 3-13 所示，中国创新主体的专利申请主要集中于核电建设及运行技术领域，该领域专利总量由 2020 年的 4 000 余件增加至 2022 年的 8 541 件，专利数量增长超过两倍，专利申请技术领域较为集中。在核技术应用领域，中国创新主体的专利申请数量持续增长，已由 2020 年的 1 200 余件增长至近 4 000 件，且该技术领域专利占比稳步提升，2022 占比突破 20%。在反应堆技术领域，近三年专利申请量出现较大增长，2022 专利数量超过 2020 年的两倍，该技术领域专利数量占比基本保持稳定。在核燃料循环技术领域，2022 年专利申请出现一定数量的下降，专利数量占比也出现一定下降趋势。

表 3-13　中国创新主体在核工业中国专利技术领域分布情况

技术领域	2020 数量	2020 比例/%	2021 数量	2021 比例/%	2022 数量	2022 比例/%
反应堆	878	9	1 666	13.4	2 020	12.4
核电建设及运行	4 811	51	6 095	48.9	8 188	50
核燃料循环	2 083	22	2 105	16.9	1 903	11.6
核技术应用	1 262	13	2 112	16.9	3 738	22.9
其他	514	5	495	4.0	499	3.1
总计	9 548	100	12 473	100	16 348	100

（1）核电建设及运行技术领域

核能多用途利用对服务低碳经济社会发展意义重大。除发电外，核能在制氢、供热供汽、海水淡化、区域供能等宽领域、多维度拥有广阔的应用前景。数据显示，截至 2022 年 12 月 31 日，我国运行核电机组共 55 台（不含台湾地区），装机容量为 56 985.74 兆瓦（额定装机容量）。年度全国累计发电量为 83 886.3 亿千瓦时，运行核电机组累计发电量为 4 177.86 亿千瓦时，占全国累计发电量的 4.98%。2022 年 1—12 月，全国共有 2 台核电机组首次装料。

2021 年 12 月，全球首座球床模块式高温气冷堆核电厂——华能石岛湾高温气冷堆核电厂示范工程 1 号反应堆完成发电机初始负荷运行试验评价，成功并网并发出第一度电。这是全球首个并网发电的第四代高温气冷堆核电项目，标志着中国成为世界少数几个掌握第四代核能技术的国家之一；2022 年 3 月，我国自主三代核电“华龙一号”示范工程第 2 台机组——中核集团福清核电 6 号机组正式具备商运条件，至此中核集团“华龙一号”示范工程全面建成投运；2022 年 3 月 25 日，具有完全自主知识产权的三代核电“华龙一号”示范工程——中核集团福建福清核电厂 5、6 号机组全面建成投运，标志着我国已成为继美俄法等国家之后真正掌握自主三代核电技术的国家，我国核电技术水平已跻身世界前列；2022 年 12 月，中国原子能院小型钠冷快堆核电源研发工作取得重要突破，在国际上首次实现耦合斯特林发电系统的小型钠冷快堆核电源非核集成测试装置“一键启停堆”验证试验。截至目前，原子能院已完成了包括“一键启停堆”、满功率运行、紧急停堆等全部验证试验，为下一步开展小型钠冷快堆核电源工程示范奠定了坚实基础；2022 年 12 月 12 日，中核集团首个国产化大型商用核电安全级 DCS（分布式控制系统/数字化仪控系统）设备成功发运交付现场，发运至“华龙一号”批量化工程——漳州核电 1 号机组使用。这是中核集团自主研发的国产化“龙鳞”系统应用的首个大型商用核电项目，对实现自主可控、确保供应链产业链完整安全具有重要意义。

我国三代核电技术达到当今国际公认的最高核安全标准。随着“华龙一号”、高温气冷堆、钠冷快堆等重点堆型的技术突破及工程项目的落地，中俄、中法核能领域的深度合作，助力我国核电建设及运行领域的科技创新高质量发展，全面支撑我国碳达峰、碳中和目标实现。

因此在2020—2022年公开、公告的核工业专利申请中，核电建设及运行专利申请占据绝大部分比重，是我国核电技术不断突破技术瓶颈、取得技术创新的重要体现。

（2）核燃料循环技术领域

2021—2022年，生态环境部国家核安全局先后发布核安全导则《乏燃料后处理设施安全》《低水平放射性固体废物贮存设施安全》《铀转化和铀浓缩设施的安全》《城市放射性废物库安全防范系统要求》《核技术利用放射性废物库选址、设计与建造技术规范》等一系列核燃料循环技术领域相关的规章制度与标准规范，使得核燃料循环技术领域的科研管理及创新更加规范化、目标更加明确化。在中国创新主体的专利申请中，属于核燃料循环技术领域的专利申请每年基本保持在2 000件左右。核燃料循环包括放射性矿产资源勘查、开采冶炼、纯化转化、同位素分离、燃料组件制造、乏燃料后处理和放射性废物处理处置等环节，是核工业的核心技术之一。2021年核燃料循环技术领域的专利情况较2020年相比，数量上基本保持稳定，有小幅度增加；2022年数量占比有所下降，但整体数量上仍保持相对稳定。通过多年来的技术积累和系统化的专利布局，我国核燃料循环技术领域基本形成了强大的、系统的自主知识产权保护体系，推动我国民用核燃料的技术转让迈出了坚实的一步。

（3）核技术应用技术领域

核技术应用作为综合性战略产业，以其知识密集性、交叉渗透性、不可取代性、广泛应用性、高效益性和易转化性备受全球关注。2020—2022年，中国创新主体在核技术应用领域的专利申请整体数量稳步提升。国家“十三五”规划将核技术应用纳入加强前瞻布局的战略性新兴产业，其发展深刻影响着科技进步、经济发展和人民健康，是建设“健康中国，美丽中国，平安中国”的重要支撑。国家有关核技术应用的指导政策陆续出台，推动核技术在相关领域的发展应用。当前我国核技术应用多种所有制单位积极参与，技术转化应用空前活跃，逐步形成专业化、市场化、规模化发展态势，在经济社会发展中发挥着越来越重要的作用。

（4）反应堆技术领域

中国创新主体在反应堆技术领域的专利申请量逐年攀升，2022 年的专利申请量是 2020 年的 2.2 倍。中国先进研究堆、中国实验快堆等一大批核科技研发设施先后建成投用，全球首座陆上商用模块式多用途小堆示范工程开工建设；高温气冷堆并网发电，快堆示范工程加快推进；新一代“人造太阳”中国环流器二号 M（HL-2M）装置建成并放电，为我国核聚变的自主设计与建造打下坚实基础；熔盐冷却钍反应堆、铅冷快堆、小型模块化反应堆等先进堆型取得一系列创新性突破。

2. 近三年外国创新主体在核领域发展趋势

如表 3-14 所示，外国创新主体在核工业中国专利申请主要集中于核技术应用技术领域，在 2021 年该技术领域专利数量达到 95 件，占比达到 50%，2022 年为 61 件，数量和占比均有所下降，但该技术领域仍然是外国创新主体进行核工业中国专利申请的主要技术方向；核电建设及运行技术领域也是外国创新主体进行专利申请的主要技术领域，2020 年专利数量达 59 件，2022 年该领域的专利数量出现较大的涨幅，达到 72 件，占比近 40%；在反应堆技术领域，外国创新主体的专利申请情况较为平稳，保持在每年 30 件左右，占比在 15%左右；在核燃料循环技术领域，近三年的申请量和占比都出现了下降趋势，这与中国创新主体的专利发展趋势基本一致。

表 3-14　外国创新主体在核工业中国专利技术领域分布情况

技术领域	2020 数量	2020 比例/%	2021 数量	2021 比例/%	2022 数量	2022 比例/%
反应堆	34	16.5	33	17.4	27	14.1
核电建设及运行	59	28.6	24	12.6	72	37.7
核燃料循环	68	33.0	35	18.4	27	14.1
核技术应用	41	19.9	95	50	61	32.0
其他	4	1.9	3	1.6	4	2.1
总计	206	100	190	100	191	100

对于外国核领域创新主体，需进一步关注其中各主要专利申请国家，在2020 年到 2022 年的专利技术领域分布趋势见表 3-15。

表 3-15　各主要技术来源国在核工业中国专利技术领域分布情况

技术来源国	反应堆			核电建设及运行			核燃料循环			核技术应用			其他		
年份	2020	2021	2022	2020	2021	2022	2020	2021	2022	2020	2021	2022	2020	2021	2022
法国	9	10	10	17	5	19	14	8	7	11	9	10	3	—	3
美国	6	8	5	13	1	19	18	10	6	11	14	15	—	1	—
俄罗斯	5	7	7	11	8	12	10	7	4	—	4	3	—	—	—
韩国	2	1	—	9	2	8	11	4	4	3	—	—	1	1	—
日本	—	—	2	4	4	4	3	2	2	3	29	14	—	1	1
德国	1	5	—	—	—	2	3	—	2	3	13	7	—	—	—
加拿大	4	—	—	2	1	2	7	1	—	1	2	1	—	—	—
英国	5	—	—	1	—	2	1	1	—	2	1	—	—	—	—
总计	34	31	24	59	21	68	68	33	25	41	72	50	4	3	4

根据世界核协会公布的数据，截至 2022 年年底，全球共 35 个国家/地区共有 437 台核电机组运行，总装机容量 39 396 万千瓦；59 台机组在建，总装机容量 6 509 万千瓦；2022 年共有 5 台机组开工建设，包括中国 3 台、埃及 1 台、土耳其 1 台；永久关闭机组 5 台，包括英国 3 台、印度 1 台、比利时 1 台。2022 年全球核电发电量约为 2.7 亿千瓦 • 时，约占全球总

发电量的 10%。在运机组数量位居前列的国家依次是美、法、中、俄、日、韩和印等。

法国是世界上核电占比最高的国家，是第二大核电国家。法国在多个核工业技术领域的在华专利布局均处于优势地位，在反应堆、核技术应用领域每年保持在 10 件左右，在核电建设及运行技术领域，2020、2022 年均有接近 20 件专利布局。近三年以来，法国在上述各技术领域共布局专利申请 135 件，是在华布局核工业专利的最主要技术来源国之一。

美国是世界上在运核电机组规模最大的国家，美国多年来积极振兴和壮大核能工业，采取了多项举措推动先进核能技术发展。近三年来，美国在核电建设及运行、核燃料循环、核技术应用等每个领域都布局了近 40 件中国专利。近三年，美国在上述各技术领域共布局专利 127 件，专利布局数量仅次于法国。

俄罗斯作为传统核大国，始终坚持先进核能技术研发。俄罗斯在核电建设及运行技术领域近三年布局中国专利超过 30 件，该技术领域是俄罗斯主要聚焦的研究方向。近三年以来，俄罗斯在上述各技术领域共布局中国专利 78 件，专利布局数量排名第三位。

日本虽然受到福岛核事故的重创，但是出于保障能源安全和减排目标的考虑，并没有放弃核能。日本在核工业中国专利申请主要集中于核技术应用技术领域，近三年以来在该技术领域共布局专利 46 件。此外，日本在上述各技术领域共布局在华核工业专利 69 件。

总的来说，各主要技术来源国，法国、美国、俄罗斯、日本在核工业中国专利布局总量占据优势，韩国、德国、加拿大、英国等每年均出现一定数量的中国专利申请。法国和美国在反应堆、核电建设及运行、核燃料循环、核技术应用等领域均分布了一定数量的在华专利；俄罗斯较为注重于在反应堆、核电建设及运行、核燃料循环这三个领域开展在华专利布局；日本和德国在核技术应用领域的在华专利布局数量较大；韩国则倾向于在核电建设及运行与核燃料循环领域进行在华专利申请。

进一步聚焦各主要技术来源国的主要创新主体，关注其在 2020—2022 年的在华核工业专利的发展趋势，具体见表 3-16。

表 3-16　主要外国创新主体在核工业中国专利技术领域分布情况

创新主体	反应堆			核电建设运行			核燃料循环			核技术应用			其他		
年份	2020	2021	2022	2020	2021	2022	2020	2021	2022	2020	2021	2022	2020	2021	2022
法国原子能源和替代能源委员会	—	4	3	2	3	5	6	—	2	6	2	8	3	—	3
法国法马通公司	3	6	2	9	—	13	2	5	5	2	1	2	—	—	—
俄罗斯国家原子能公司	3	3	6	8	2	8	5	1	2	—	2	2	—	—	—
美国西屋电气集团公司	3	1	1	7	—	7	3	2	2	—	1	6	—	1	—
总计	9	14	12	26	5	33	16	8	11	8	6	18	3	1	3

法国原子能和替代能源委员会（CEA）是法国重要的研究、开发和创新机构，主要业务涵盖低碳能源（核能和可再生能源）、信息与卫生技术、特大型实验装置、国防与全球安全四大领域。法国原子能和替代能源委员会代表法国政府参加国际原子能机构、欧洲原子能共同体、经合组织能源署等国际组织的核事务。对于 2020—2022 年公开、公告的核工业中国专利申请，法国原子能和替代能源委员会共布局反应堆专利 7 件、核电建设及运行专利 10 件、核燃料循环专利 8 件、核技术应用 16 件，可以看出其专利主要集中在核技术应用技术领域。

法国法马通公司（FRAMATOME）在核能源建设领域全球首屈一指。其主要业务包括核设计和核工程、燃料设计和制造、仪器仪表和控制、核电厂调试和许可、先进反应堆研究等。对于 2020—2022 年公开、公告的核工业中国专利申请，法国法玛通公司共布局反应堆专利 11 件、核电建设及运行专利 22 件、核燃料循环专利 12 件、核技术应用 5 件，可以看出其专利主要集中在核电建设及运行技术领域。

俄罗斯国家原子能公司（ROSATOM）是世界核技术和服务市场的领导

者之一，是俄罗斯政企合一的大型综合国有公司，作为国内核工业的主管部门，其业务领域涵盖核武器、核电、基础科学技术、核及辐射安全、核动力破冰船队五大板块，覆盖了铀矿勘探及开采、核燃料制备、核电厂运行、核设施退役及放射性废物处置的核能全产业链。对于2020—2022年公开、公告的核工业中国专利申请，俄罗斯国家原子能公司共布局反应堆专利12件、核电建设及运行专利18件、核燃料循环专利8件、核技术应用4件，可以看出其专利主要集中在核电建设及运行和反应堆技术领域。

美国西屋电气集团公司（WESTINGHOUSE）是美国主要电气设备制造商和核子反应器生产者工厂，是全球领先的核电技术服务提供商和环保服务巨头，曾是世界500强企业，每年营业额超过百亿美元，广泛活跃在能源、交通、通信、军事、航天、环境健康管理领域。目前，全球近50%、美国近60%正在运行的商业核电厂均采用了西屋电气的核电技术。对于2020—2022年公开、公告的核工业中国专利申请，美国西屋电气集团公司共布局反应堆专利5件、核电建设及运行专利14件、核燃料循环专利7件、核技术应用7件，可以看出其专利主要集中在核电建设及运行技术领域。

第四章

核工业标准与专利融合策略

第一节　核工业标准与专利融合实践

一、核行业标准与专利融合案例

EJ 1088—1998《核用水下照明装置》是由常熟市辐射技术开发应用研究所主编的一项核行业标准。该标准虽未明确声明其涉及专利，但由于其有意设置的部分条款规定了特殊技术要求，导致标准实施人必须购买该标准主编人生产的专利保护产品，相关专利也就成为事实上的标准必要专利。

20 世纪 90 年代，国内核电厂普遍使用国外进口的水下照明装置，造价较高。在政策鼓励下，我国核工业相关技术人员开展技术攻关，研制出了国产化替代产品，并申请了专利 CN1150225《有失水保护的水下灯》。虽然该国产化替代产品实现了技术改进，且造价远低于法国产品，但由于国内市场已被国外公司占领，该产品迟迟难以打开市场。因此，专利权人在参与制定核行业标准 EJ 1088—1998 时开展了专利布局，在前言中提出如下建议：“国家质量技术监督局 1998 年 5 月 1 日开始实施‘技监局标发〔1998〕65 号’《进口机电产品标准化管理办法》，其第二条规定‘凡进口列入《进口机电产品标准化管理目录》（简称《标准化管理目录》）的机电产品，必须符合我国强制执行的标准。《标准化管理目录》由国务院标准化行政主管部门根据强制性的国家标准、行业标准和法律、行政法规规定强制执行的标准（统称强制性标准）制定’。其第九条规定‘进口机电产品标准化管理实行进口单位自检为主的原则，进口单位应保证进口的机电产品符合我国强制性标准的要求。’据此，有关部门和单位亦可按本标准对进口的核用水下照明装置进行监督和检测。”

EJ 1088—1998 的 8.1 按照国产化产品的包装特点规定了水下照明装置的包装要求，而法国产品无法满足相关要求。因此，我国相关部门按照 EJ 1088—1998 对进口的核用水下照明装置进行监督和检测时提出了满足标准的要求。国外竞争对手退出市场后，中方生产的水下照明装置出售至我国核电厂，并因其物美价廉的特质迅速推广，产生了很好的经济效益。

随着技术的发展，EJ 1088—1998 面临着修订的需要，国外公司也向我国国家标准化技术委员会提出标准修订的申诉。由于该标准规定的包装要求实际上并不是必要的技术要求，后续修订时相关条款也不再继续作为强制性标准条款存在。

本实践中关于包装的要求仅存在于 EJ 1088—1998，并非专利 CN1150225 的权力要求。因此该案例的做法实际上是将产品的非关键技术方案写入标准，形成“标准必要产品”，再借助产品对于标准的必要性实现专利对于标准的必要性，标准中并不声明存在专利的可能性，属于事实上的标准与专利融合，而非形式上的标准与专利融合，与目前一般意义上的标准与专利融合做法并不一致。它是在我国标准与专利融合发展不成熟的背景下，结合特殊监管政策产生的。虽然类似方法存在阻碍技术发展的嫌疑，但不失为一种实现标准与专利融合的有效手段，同时也是企业在实施相关标准或进行市场竞争时应该警惕的陷阱。

二、ISO 标准提案涉及专利案例

2020 年 12 月，中方的一项 ISO 标准提案“核聚变反应堆高温承压部件的热氦检漏方法”在ISO/TC85/SC6投票期间，美国代表提出了一条意见，指出：“搜索显示，有一项‘高温高压氦气泄漏检测方法及其泄漏检测装置’的中国专利。该专利的摘要中的一些文字与提案中的测试方法较为类似，可能会引起法律问题，建议研究潜在的法律含义。”

按照ISO的规则，如果不能澄清美方代表提出的提案可能涉及专利的问题，则该ISO标准提案将被撤销。为此，中方组织中核战略规划研究总院核工业知识产权研究所、核工业标准化研究所、核工业西南物理研究院（标准主导单位）人员，成立了“提案涉及专利问题澄清小组”。中方仔细分析了中国专利“高温高压氦气泄漏检测方法及其泄漏检测装置”，对美方意见中提到的可能的专利侵权和版权争议等法律方面提出了澄清的建议，说明提案的方法与专利权利书CN100514019C的差异，从方法步骤、测试条件参数和测试装置等方面列举两种方法之间差异，得出了提案方法不涉及专利权问题，也不涉及版权问题的结论。参考这个意见，提案主导专家列表详细对比了两种方法，清晰直观地解释了方法的差异，包括提案方法温度为380 ℃，提案方法为250 ℃；专利方法压力最高1.5 MPa，提案方法压力范围（4～15）MPa；真空泵等测试装置存在的差异；专利方法无冷氦检漏和压力循环等测试步骤等多达15条重要差异。综合知识产权方面的建议和技术差异的详细对比，得出了结论：该标准提案与上述专利的技术方案有很大不同，该标准提案不存在专利权问题；两者在表达方式上没有相似之处，也没有“版权问题”。

12月5日，主导专家将中方提案涉及专利问题的澄清研究通过邮件发给了美方代表，请美方代表反馈意见。12月14日，美方代表同意撤销提案涉及专利问题，回复：“我国代表团已经审查了谌先生关于版权/专利问题的答复，我们对这一问题已得到充分研究感到满意，我们同意（提案与）中国专利不存在任何问题。因此，我们撤回该意见。”随后，该提案投票结果确认美方代表撤销了涉及专利的意见，并已经获得足够国家专家的参与，成功作为ISO标准项目立项，由中方专家主导开始编制工作。

通过本次ISO标准提案立项投票遇到的专利问题，可以看出标准和专利都是占领技术高地的武器，两者密不可分，国际标准提案可能遭到其他国家以专利为武器进行反驳；提醒我们不仅要熟悉国际标准的游戏规则，还要了解专利的游戏规则，用好这两种武器。

三、企业标准涉及专利案例

《核电厂放射性废金属源项分析及清洁解控》是由A公司主编的一项企业标准。该标准主要规定了核电厂运行中产生的放射性废金属源项分析和清洁解控的相关流程，适用于核电厂运行产生的放射性废金属类物料的分类、收集、测量、去污、清洁解控评估、清洁解控后处置及质量保证的管理。

立项后，A公司组织编制了企业标准《核电厂放射性废金属源项分析及清洁解控》征求意见稿，并随后向行业内各单位征求意见。在标准征求意见阶段共征求到相关单位的36条意见，但未收到关于该标准涉及专利的反馈。编制组随后根据征求意见处理情况修改形成标准送审稿。

在送审稿审查阶段，B公司向标准化管理机构反馈该标准可能涉及其持有的两项发明专利。该两项专利申请人均为B公司和C公司，已分别于一年前和两年前获得授权。

为避免产生纠纷，标准化管理机构中止标准送审稿审查会，改为利益相关方的协商会议。A公司在会上介绍了标准送审稿的背景和主要技术内容，认为专利与标准不存在重叠，不存在侵权问题。标准编制的初衷是为了进一步规范废金属清洁解控，如果存在不成熟的地方，各相关方可一起协商优化。B公司介绍了持有的专利情况，并就标准与专利的重合问题进行介绍。B公司认为标准和专利存在较大重合度，建议打通“技术—知识产权—标准”的通道，将成熟的技术和专利升华为标准。C公司专利发明人认为，应进一步详细对比专利和标准的技术内容重合度。协商过程中，标准主编单位和专利权人单位的争论焦点主要集中在标准与专利是否存在内容重叠，争议双方就相关专利是否为标准必要专利始终未能达成一致意见。

本案例的核心问题，在于评估标准必要专利的方法和规范的处置程序。尽管项目标准编制组对 B 公司所认为的标准涉及专利中相关权利要求给出的工艺步骤和标准送审稿文本进行了对比分析，得出标准不构成对专利侵权的初步结论，但专利持有人依然认为标准侵权。本案例中，标准化管理机构及时中止标准制修订工作，避免了事态向不可控方向发展，但由于缺乏成熟的标准涉及专利处理机制，未能顺利化解矛盾。在协调过程中，参与方存在不熟悉标准与专利概念的问题，认为标准中写入专利相关技术内容是对专利权的侵犯，导致双方潜在的合作机会消失。

四、存在的不足

尽管为加强知识产权管理体制建设，国家知识产权局纳入国家市场监督管理总局管理，我国标准化、知识产权的管理打通了原先跨部门的沟通障碍。但如前文所述，国际标准组织和我国核工业标准组织的专利政策总体上仍是“三不”原则，即不介入标准所涉专利的相关性或必要性评价、不干涉专利许可谈判，不参与解决关于专利的争端。专利政策的重点主要围绕“专利信息透明”“专利许可的公平、合理、无歧视”而展开。其他与专利有关的事宜（如专利许可和专利使用费等）都留给相关方协商处理。在具体的操作过程中，仍存在不少问题。

对于核工业，从上述实践可以看出，我国核工业标准与专利的融合仍处于摸索和自由发展阶段。这也是我国标准与专利融合方面的存在不足之处的反映。

（一）对于标准与专利融合的认识不深

以《核电厂放射性废金属源项分析及清洁解控》这项企业标准为例。专利持有人对标准涉及专利的认知存在误区，未能认识到自己所持有的专利融入标准将给企业带来利益，反而认为作为“后来者”的标准与专利存在交叉重复情况是对专利的侵权。实际上，标准作为一项具有一定公益性质的文件，其知识产权并不归属起草单位。即便标准中提出了某一项专利中的技术方案，标准起草方不以生产、经营为目的的行为并不构成对专利的侵权，也并不代表涉及专利的权属发生了转移。一般而言，对标准必要专利的侵权行为只有在标准发布实施后才有可能产生。当某一个体按照标准给出的涉及专利的技术方案进行生产活动时，才发生专利侵权。此时，若专利所有权人按照正常的诉讼程序起诉标准用户，由法院裁决是否侵权。

（二）缺乏促进专利与标准融合的具体举措

国家对标准与专利融合的政策引导，凸显了专利标准创新融合的必要性与迫切性，但是落实到操作层面却缺少激励专利与标准创新融合的具体举措。标准的制修订应当与技术创新同步开展，技术标准与专利工作的协同创新不足，会导致技术标准带动产业链协同发展不明显，因此需要借鉴发达国家专利标准创新技术转化经验，从政策层面出台标准专利创新融合的激励措施，鼓励具备高新技术的企业参与标准制修订，将先进技术转化成现实生产力，提高行业整体水平。

核工业对此也普遍缺乏对应的举措，相关的行业主管部门、企事业单位、标准组织、标准化专业机构、知识产权专业机构都还没有制度、机制和方法。就全国而言，在标准与专利融合方面，泰州市已走在全国前列，其他部分省市还处于探索阶段。泰州市出台了《专利标准融合创新企业认定细则》，并连续两年公布专利标准创新型示范企业，通过政府引导的方式培育了一批技术创新型企业开展标准与专利融合试点。2020 年，泰州市政府出台《关于推进专利标准融合创新的意见》进一步巩固试点成效、扩大试点范围、推广试点模式，加快专利转化应用，促进高质量发展。在此背景下，一些企业已经把技术专利纳入企业标准，部分企业正在尝试专利纳入行业标准、团体标准。

标准与专利的融合，本质上是将先进科技成果转化为标准。但目前对先进科技成果转化为标准的指引仍有待完善。一是缺少完善的科技成果转化为技术标准的机制。科技成果转化为技术标准是一个复杂的过程，包括技术研发、技术评估、标准编制和标准实施等环节，需要协调机制和利润分配机制等为其提供保障。二是缺少对科技成果转化为技术标准的理论研究。在开展科技成果转化工作时，需要针对成果转化为标准的可行性和转化的标准类型等进行评估，目前没有一套完整的科技成果转化为技术标准的理论体系。对于标准与专利融合的理论研究虽然已有二十几年的积累，但对于专利转化为标准的评估方法研究仍然较少。

（三）缺乏标准涉及专利的处置机制

从核工业的实践来看，当出现纷争时，无据可依导致各参与方对如何处置标准与专利融合普遍感到盲目。以企业标准《核电厂放射性废金属源项分析及清洁解控》为例，由于缺乏规章制度，本案例的进展几乎完全依靠相关人员参与标准化和专利工作的经验推动，协调过程不规范也无从规范，缺乏效率。譬如，协调会参会人员包括专利发明人、标准起草人、技术审查专家和知识产权专家，但缺少争议双方单位科研管理人员，会议既缺乏标准与专利是否重复的判据，也无判定的权限，因此难以给出结论。

在传统的标准审查中，偶尔会出现标准条款涉及专利的情况，但大多数情况下编制组和审查专家为了规避风险，在无据可依的情况下只能采用直接删除相关条款的做法。这也是导致我国标准中很少出现对专利的披露情况的原因。为了切实推动核工业标准与专利融合，亟须制定标准涉及专利的处置机制，设置“程序优化”规则合理简化分歧的处置。如中国标准化协会团体标准 T/CAS 2.2《团体标准涉及专利处置指南 第 2 部分：专利披露》一节给出了“程序优化”处置示例：某团体标准所涉及的产品或技术的时效性较短，只有 3 年。起草工作组历时大半年，终于到达了批准阶段。但在公示期截止的前一天，遭遇竞争对手阻击：披露一批与标准无关的专利。标准起草工作无奈退回到起草阶段，2 个月后再次进入批准阶段，又遭遇恶意披露。

竞争对手的用意非常明显，就是要利用程序使该标准无法出台。对此，社会团体决定采取简化程序，对于已获得实施许可的“明显与标准无关的专利”，直接列入已披露的标准涉及专利清单；对于剩余的“明显与标准无关的专利”，直接予以忽略；不再退回到起草阶段，公示日截止后直接批准发布。最终，该标准得到了及时发布。虽然有一些“明显与标准无关的专利”被列入已披露的标准涉及专利清单，但由于社会团体的宣贯到位，利益相关方均知晓“标准涉及专利不一定是标准必要专利”，加之这些专利确实“明显与标准无关”，因此无人缴纳专利许可费。

（四）标准必要专利信息披露较为笼统

信息披露是涉及专利标准能否顺利实施的重要因素。在标准制定修订之前，专利相关信息披露越完全，信息越丰富，标准质量就越高。详尽披露信息能够在标准实施过程中减少涉及标准必要专利的侵权行为。目前，我国标准组织在标准制修订过程中声称其并不承担识别（标准必要）专利责任的原因，除了要求标准制修订者主动披露专利信息外，对于其他相关方只是鼓励其披露专利信息，并无强制要求。此外，对于标准必要专利需披露的内容、披露时间、披露人员、披露真实性和标准必要专利权人所应承担的责任和义务并未详细说明。如何规避由于许可规则和许可费用所导致的纠纷，其核心就在于标准制定修订时所涉及专利的信息披露。

在《核电厂放射性废金属源项分析及清洁解控》案例中，相关方在标准立项、起草阶段都未能有效地进行专利信息披露，直至送审稿审查阶段才提出了标准涉及专利。专利持有者也没有按照 GB/T 20003.1—2014《标准制定的特殊程序 第 1 部分：涉及专利的标准》中的要求提交必要专利信息披露表进行专利披露，且没有提交必要专利实施许可声明表。这些问题在于各方缺乏可靠的专利信息查询渠道，只能靠相关方自愿披露，同时对披露的专利信息也缺乏必要的细节。

（五）缺乏判定标准必要专利的专业机构

核工业实践中出现的核心争议点在于专利是否为标准必要专利（SEP）。虽然具有法律效力的 SEP 判定需由相关司法机构做出，但根据《国家标准涉及专利的管理规定（暂行）》、GB/T 20003.1 的规定，国家标准中涉及的专利应当是必要专利，即实施该项标准必不可少的专利，故在标准制修订过程中有必要对所有披露的专利判定其是否是 SEP。在非政府主导制定的标准中，SEP 可以参照国家标准中 SEP 的管理办法进行处置，但非标准必要专利如何处置还需结合实际情况考虑。

一种简便的方法是将所有按照规定程序披露的专利视为 SEP，将判定的程序留待真正发生侵权时交由司法机构判决。但这一做法可能导致非标准必要专利融入标准，过度扩大专利的使用范围，导致标准使用者面临潜在的法律纠纷。更有甚者，专利所有权人将无关专利恶意披露，在标准实施后广泛发起诉讼，若标准使用者缺乏经验或诉讼费用大于专利许可费，就可能放弃通过正当渠道捍卫权利的机会，直接给专利权人支付专利许可费。因此标准制修订过程中不可将所有披露的专利全部视为 SEP，否则就可能产生如上所述的恶劣行为，失去科技成果转化为标准或专利的原本目的。

但判定 SEP 绝非易事。业界常用的 SEP 认定原则是：如果专利中至少有一个权利要求的技术方案是技术标准在实施过程中无法绕开的，则该专利成为相关技术标准的标准必要专利。与一般的专利侵权判定不同，若涉及 SEP，除了首先确认产品是否采用有关技术标准外，最主要的是要对 SEP 进行认定。SEP 认定实务中的常用原则首先是全面覆盖原则，即如果专利至少有一个权利要求的每一个技术特征都能覆盖标准的有关内容，且权利要求的这些技术特征在标准中是必选的，则该专利为 SEP。因此，进行 SEP 认定至少需要对技术标准的深入理解以及对权利要求保护范围的合理界定，需要的知识领域至少涉及专业技术知识、专利相关知识和标准化相关知识等。实际上，同时具备三类知识的人员极少，即便专利或标准化相关工作人员了解某一领域专业知识，由于核工业技术专业范围极广，在面对大多数专利时都无能为力；而技术专家也鲜有通晓法务和标准化工作的人才，依靠审查会之类的程序几乎不可能完成 SEP 认定，需要有专业机构组织团队按照规定的流程进行判定。

在标准制修订过程中由专业机构给出的 SEP 判定结果可作为标准是否纳入专利的标准。其判定结果作为一个相对客观公正的结论，可有效避免发生类似本案例的纠纷事件。对于标准组织来说，采用判定结果不代表承担判定责任，而能够简化标准审查的流程。

（六）其他问题

在核工业的实践中尽管没出现，但在其他领域已不乏案例的问题还有不少，典型如 FRAND 的判定和专利权人滥用禁令救济等法律问题。

缺乏明确的标准必要专利 FRAND 判定原则。我国对标准必要专利许可原则参照公平、合理、无歧视的 FRAND 原则。但是，目前我国法律法规并未对 FRAND 原则的含义作出明确解释，只是笼统地规定遇到标准必要专利许可问题时可以参照 FRAND 原则。此外，在标准制定中也没有对于专利许可费作出规定，而是让专利权人、标准制修订机构和标准使用者进行协商。对于许可费率实际采取买卖双方的自愿原则，中间并无监管程序。许可争议是标准必要专利最主要的纠纷原因。因此，亟须建立对于标准必要专利许可费率的明确参考，以解决相关争议。我国标准化工作既然是由政府主导，那在涉及标准必要专利的标准制修订过程中，各项涉及各方权益的事项，也应当由主管部门制定规章制度，来约束各方行为，通过创新机制，以行政手段降低争议产生的可能性。

缺乏对标准必要专利权人滥用禁令救济限制。专利侵权禁令有临时禁令和永久禁令。临时禁令属于诉前阶段民事保全制度的程序法救济措施，永久禁令则是法庭经过实质审理认定侵权，判令侵权人在专利剩余保护期内停止侵权的一种实体救济措施。近年来，各跨国公司甚至国家间关于禁令与反禁令的冲突愈发激烈，对国内企业的跨国经营造成了较大的影响，而我国涉外知识产权争议裁定起步较晚，经验也相对较少，现行法律制度对禁令滥用等问题的处置也较为被动，现行的《反垄断法》及相关法律制度对禁令滥用并无明确规定，而在禁令与反禁令领域也很少有相关的司法实践，有关禁令制度的建设也处于起步阶段。在涉及标准必要专利的平行诉讼中，欧美国家往往通过长臂管辖，直接或间接限制其他域外国家司法规则对必要专利的管辖，从而维护本国企业的利益。因此，对于司法机关而言，处理好涉外的知识产权争议，解决禁令与反禁令的冲突，不仅是对企业利益的保障，也是对国家司法主权和国家利益的维护。

第二节　政府参与推进标准与专利融合

一、政府促进标准与专利融合的重要性

核工业是高科技战略产业，是体现国家综合实力的重要方面。核工业也是建设新型能源体系的重要途径。党的二十大报告指出，“实现碳达峰碳中和是一场广泛而深刻的经济社会系统性变革”，强调要“积极安全有序发展核电”。加快推进核工业科技创新，全面建设核工业强国，对全面建设社会主义现代化国家意义重大。

世界核大国的核科技竞争越来越呈现出体现国家意志的体系化竞争态势，纷纷加大核科技创新的投入力度。核科技创新也加速演进，基础科学、先进制造和新型材料等重大颠覆性理论和技术加速更迭，人工智能、大数据、云计算和物联网等技术为核科技创新注入新的动力，新材料等新技术发挥越来越重要的作用，核科技空天、海洋应用将出现革命性变化，未来深空、深海探测都需要核能作为动力。核技术在科学研究、工业、农业、医疗卫生和公共安全等诸多领域都将发挥越来越重要的作用。例如，核技术为粒子物理、核物理和天体物理、暗物质探测等基础科学研究提供重要基础保障，为质子

治疗等高端医疗设备、大气污染防治、生态可持续发展、工业探伤和无损检测提供重要技术支撑。

科技成果转化是世界性难题，西方国家将其称为创新的“死亡之谷”，在科技成果与被市场接受的商品之间横亘着一条技术落地的鸿沟，跨过去了，科技创新才能真正实现其市场价值与社会价值。技术标准和专利作为科技成果到最终产品之间的“中间产物”，对科技成果成为产品、进入市场、实现价值具有重要的桥梁和纽带作用。但目前政府部门缺乏必要的引导和具体的推进措施，标准组织也实行“三不原则”，标准与专利的融合交由市场、企业自发开展。在市场自发推进的过程中，存在许多困难，尤以科技成果转化为最。

我国在标准与专利融合的实践发展上仍不全面，核工业也还没有意识到标准与专利融合的巨大效益，顾虑将专利写入标准给其他企业适用可能会损害自身利益。需要政府推动实践或示范，让企业消除企业顾虑，看到标准与专利融合利益所在。另外，在完全市场竞争的情况下，由于将专利写入标准存在一定的门槛，采用标准必要专利手段的企业往往已经具有一定垄断地位。而开发出先进技术的中小型企业则意识不到转化科技成果的重要性或没有能力转化。因此会出现大公司收购中小型公司专利，进而借助市场份额的优势开展标准与专利融合的现象。为了克服资本扩张的盲目性以及个体资本与社会发展之间的矛盾，激发和保护社会整体科技创新的活力，需要政府介入引导产业良性竞争。

在过去几年，各地政府已经陆续开展了标准与专利融合的实践区或示范区的建设，取得了很好的成效。如浙江省绍兴市上虞区牢牢抓住标准这个产业健康发展的核心要素，找准切入点，深入实施“标准化+”战略，拓展标准话语权，探索专利标准融入，助推全区产业高质量发展。上虞区作为浙江省专利融入标准试点市、县（区）之一，制定《上虞区建设浙江省专利融入标准试点工作方案》，探索专利标准化成长路径，鼓励企业和社会组织将拥有自主知识产权的关键技术纳入国家标准、行业标准、地方标准、团体标准或企业标准，促进技术创新、专利和标准化工作。上虞区在绿色化工和智能电气等优势产业龙头企业中开展先行先试，逐步从企业标准入手，逐步探索必要专利融入团体标准路径。

二、引导核工业标准与专利融合

目前，我国正从核大国向核强国迈进。党的二十大报告指出，要以国家战略需求为导向，集聚力量进行原创性引领性科技攻关，坚决打赢关键核心技术攻坚战。党的二十大报告强调，要“健全新型举国体制，强化国家战略科技力量，优化配置创新资源”。核工业是典型的需要以政府为主导的产业。在新时期，政府部门责任重大，宜在突出企业科技创新活力的基础上，加强对标准与知识产权的利用，促进标准与专利融合，推动整个行业共同发展，加快实现高水平核科技自立自强，为全面建设核工业强国筑牢科技支撑。

（一）将标准与专利融合融入核工业聚智创新机制中

以促进核工业创新发展为目标，在完善核工业新型举国体制的基础上，充分发挥社会主义制度集中力量办大事的显著优势，一方面，持续深化“强核心、大协作”协同创新，通过标准和专利打造产学研用深度融合、集聚各类创新资源的核工业协同创新体系；另一方面，结合核领域原创技术策源地和核工业现代产业链链长的建设，以知识产权为基础，以标准为纽带，打造核领域高水平的创新联合体。

（二）建立鼓励标准与专利融合的政策

政策支持是市场主体跨越标准与专利融合门槛的重要手段。标准与专利融合的门槛主要体现在、技术条件和资本条件等三方面：第一，核工业在接受创新方面具有很大的保守性，鉴于国家对核安全“决无一失”的要求，与核安全或安全监管相关的创新成果往往需要经历较长时间的认可和大量实践后才能得到广泛接受；第二，是需要具备一定的技术实力，在某项细分专业领域具有优势，能够满足标准和专利的先进性要求；第三，专利布局申请和标准化工作本身需要投入一定的经济成本、时间成本和人力成本，规模较小或经营状况一般的企业难以承担。对于具备技术条件企业，政府可以通过补贴政策来降低门槛或提升其参与专利标准化的积极性，引导企业着眼长远发展。

（三）完善科技成果向标准转化的机制

技术标准和专利对科技成果成为产品、进入市场、实现经济价值具有重要的桥梁和纽带作用。但影响专利是否能够融入标准并真正产生良好效益的决定性因素是专利技术方案的先进性。为了使有价值的科技创新转化落到实处，而不是为了实现专利标准化而做标准化，需要切合实际评估科技成果的价值。在标准与专利融合中，政府部门应完善相关机制，创造良好条件，发挥好引导作用。GB/T 33450—2016《科技成果转化为标准指南》仅给出了科技成果的标准特性分析、技术成熟度分析、推广应用前景分析、与同领域现有标准的协调性分析等原则性要求，操作层面的指导作用不强，需要结合核工业特点，组织制定“核工业科技成果转化为标准指南”。

（四）开展试点，引导核工业标准与专利融合

选择小型模块化反应堆等行业聚焦度较高、创新能力较强、标准化需求较多的先进核技术，开展试点，以知识产权成果突出的优势企业为重点对象，体现龙头企业高质量专利的转化；推动将自主知识产权转化为国际、国家、行业、地方、团体标准的必要专利，提高专利价值，促进专利转化，提升企业创新活力，促进新型技术和产业快速发展、高水平发展。

（五）引导建立核工业标准与专利融合的服务平台

政府围绕标准与专利融合的一些行业共性的资源和服务配套问题，深入搭台唱戏。一方面，建立专利标准化信息公示和公共技术服务平台，帮助企

业了解相关政策和要求，充分利用专利文献及标准文献，提高研究开发的起点，有效开展专利标准化工作。另一方面，引导核工业的标准化专业机构和知识产权机构，采取多种措施深度参与标准必要专利工作，协助业内企业开展标准与专利融合工作，对业内企业进行达标评审，促进行业的高质量发展。

三、开展标准与专利融合人才培养

党的二十大报告指出，必须坚持人才是第一资源。核工业标准与专利融合的发展，要求必须有一支能够实现人力资源与生产要求的最佳配置的人才队伍。就整个核工业来说，为了保障行业标准与专利融合工作长期有序发展，就必须积极探索建立及完善一套专利标准化人才培养机制，加强标准与专利工作支撑团队备案等人才资源开发与管理。

标准化及专利运营是个复杂的问题，从事这个工作的人员需要对技术、标准化、知识产权以及商业经营有一个综合的理解，相关知识往往无法通过书籍和论文等方式习得，而是长期经验积累的结果。这种人才的培养往往需要一个较长的时期，政府和企业尽早地对此进行战略性投资是有必要的。

应建立多层次专利标准融合创新人才培养体系，政府可将专利标准融合创新人才培养纳入专业技术人才培养规划和知识产权人才培养序列，企业可举办专利与标准化系列专题讲座，加大企业、行业协会和服务机构的专利、标准化知识普及力度，高校可设立标准专利融合创新课程，培养标准专利融合创新人才。

引导高校、政策研究机构和标准化技术机构等应积极开展标准专利融合创新研究，针对标准专利融合创新的瓶颈问题和薄弱环节进行研讨。针对不同成果类型、不同的标准种类，总结提炼、固化推广标准专利融合创新的有效途径和方法，提升标准专利融合创新的效率。此外，如果有条件可以考虑参与建立国际标准化工作认可机制，支持专利标准融合创新人才参加行业性、区域性、国际性交流。明确专利标准化人员在国际标准制修订工作中做出的贡献，提高国际标准化人员的工作积极性。

第三节　企业开展标准与专利融合方法

一、标准与专利融合的基本做法

政府在标准与专利融合工作中发挥的是引导、协助而非包办作用。真正激发社会创新活力，提高产业科技创新成果转化水平，应回归市场主体，发挥企业在标准与专利融合中的作用。企业可以从创新发展战略、工作机制和能力提升等方面提高标准与专利融合工作水平。

（一）“标准与专利融合”纳入企业发展战略

企业应清晰认识到专利与标准之间的相互作用和重要性，将专利战略与标准战略相结合，合理运用标准必要专利来提升企业的技术竞争力和市场地位。核工业现有成熟产业和技术的标准化已基本完成，但在面向未来的先进核能技术和核技术应用等领域以及进口替代等方面，开展标准与专利融合工作意义显著。企业应充分认识到“技术专利化、专利标准化”对企业发展的战略意义。制定明确的标准与专利融合战略以确保标准与专利融合工作与企业的长期发展战略相一致。譬如，了解行业的标准化趋势和发展方向，分析对企业的影响；确定企业的核心技术和创新重点，明确与标准融合相关的目标和优先领域；设定时间表和阶段性目标，规划标准与专利融合的战略路径等。

从科研成果转化的角度来看，标准化、专利化以及标准与专利融合形式的转化是科研成果最大程度发挥经济效益与社会效益的不同渠道。其中标准与专利融合可视为科研成果转化的较高水平，需要同时具备科研成果的先进性、成熟性及正确的运营方式等条件。技术创新的全过程要求标准和知识产权紧密结合。在研发初期，通过预测把握行业标准形成的方向，然后分析技术发展中的知识产权状况并对形成的科研成果进行知识产权保护，使知识产权和标准化工作同步发展，从而推动标准和知识产权的融合发展。

标准和知识产权是两种重要的互补性的制度，两者通过在技术创新过程中充当不同的制度分工，来保持技术变革一代又一代的良性发展演化。但标准和知识产权对技术创新也具有“双刃剑”的作用，标准和知识产权通过将技术创新成果进行集成，直接为社会带来效益的价值形态，同时标准的“公益”属性与专利的“私权”属性又存在某种程度的矛盾。这种效益大多数时候为正，表现为经济效益的增加、技术进步效应的提升，而有些时候为负，如路径依赖导致的非最优技术的锁定等。如表 4-1 和图 4-1 所示。

表 4-1　标准与专利的性质对比

	标准	专利
客体	技术	技术
特殊要求	先进性	新颖性
	通用性	创造性
	公益性	实用性
分类	技术标准	发明
		实用新型
		外观设计
	管理、工作……	

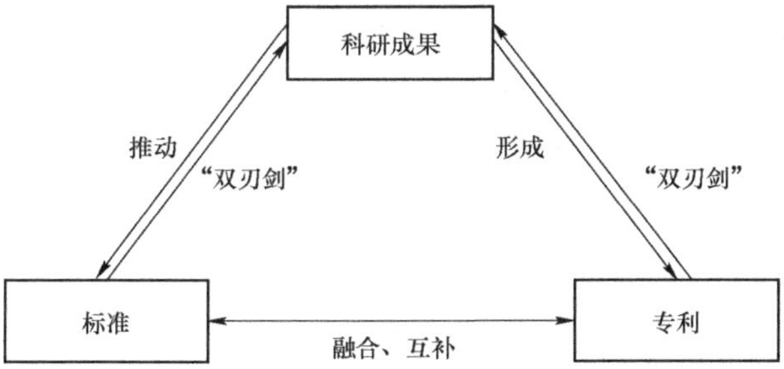

图 4-1　科研成果、标准与专利的关系

（二）建立“标准与专利融合”工作机制

企业应建立“技术专利化、专利标准化”策略并形成相应的工作机制。一是，将专利工作、标准化工作与研发工作同步发展，将标准和知识产权融入企业新产品、新技术的研究、设计、开发、应用和产业化的全过程中，促进技术创新的发展，实现技术标准和技术创新的互促发展和良性循环，从而提高企业竞争力。二是，建立技术标准与专利融合的团队，负责标准与专利融合相关工作的协调与推动，组织和协调跨部门的合作，促进内外部信息交流和共享。三是，对企业评估自身现有专利技术是否具备形成标准并产业化的基础（如技术水平先进、市场前景好和质量稳定等），并力争利用已形成的专利技术链的技术优势，积极参与到技术标准的制定中，使企业在国内外的市场竞争中获得主动权。四是，建立标准与专利融合的沟通平台，促进企业内外各相关部门之间的合作与交流，并建立与国内外标准组织和专利管理机构等的密切联系，争取获取最新信息和参与标准制定的机会，参与标准制定过程。五是，建立反馈机制，定期评估标准与专利融合工作的效果，并及时调整和改进。

人才培养机制是影响标准与专利融合工作机制持续有效运行的关键。在企业内部建立专利管理和标准化培训体系，提升技术研发人员、专利管理人员、标准化人员的标准与专利融合的能力。鼓励技术研发人员参与标准化工作，提升他们对标准的理解和运用能力，使之既懂技术又懂标准，能够在标准制定过程中提供技术支持；同时也能将企业的技术优势、知识产权转化为标准，推广和保护企业的创新成果。

（三）通过标准必要专利布局强化技术创新效果

以领先的科技水平与合理的投资回报为基础，推动高价值专利的形成并向标准转化。开展标准转化及成效评估，使企业的专利和标准在数量上和质量上都提高到一定的层次，形成良性循环，促进企业可持续发展。企业科技创新水平越先进，专利所代表的技术方案写入标准的可行性越强，市场占有率越高。

密切关注国内外标准和专利领域的新动向和新技术，了解相关行业的发展趋势与标准制定的方向，及时调整战略和工作重点。在产品研发过程中，根据现有和潜在标准的要求进行技术布局。同时也监测市场和竞争对手的专利活动，防范专利侵权风险，避免因他人的专利权影响企业的产品开发和市场拓展。

与标准制定方进行密切合作，积极参与标准制定工作，积极提出企业的技术要求和利益诉求，推动标准的制定过程与结果与企业利益相符。

从企业标准和团体标准入手开展标准必要专利实践。鉴于企业标准和团体标准的非公共产品特性，两者容易进行标准与专利融合的实践。尤其是团体标准，其兼具了私有产品和未来广泛应用的特点，应是开展标准与专利融合的重点。

择优推进高价值专利融入政府主导制定的标准和国际标准。事实上，专利写入标准的难度随着标准使用范围的缩小而减小，要想真正发挥科技成果转化为标准必要专利的效益，就需要在更大的规模里推广标准。但限于政府主导制定的标准属于公共产品，对专利融入标准比较慎重，融合难度最大，因此只有真正具有推广价值，能够提高行业整体生产水平的科技创新成果才能够发挥标准必要专利的经济、社会效益。

培育发展专利和标准联盟。对于核工业的产业链链长单位、龙头企业和创新型企业等具备优势地位的单位，可依托产业创新技术联盟建立基于标准必要专利的标准联盟和专利联盟（专利池），构筑产业集群优势。强化知识产权和标准化信息共享，建立标准必要专利数据库。

二、标准与专利融合基本方式

标准与专利融合主要包括“专利标准化”与“标准专利化”两种模式。“专利标准化”主要是通过使某一专利成为某一标准实施所必不可少的技术方案，以产品研发、专利申请和标准研究结合的方式，提升专利自身的市场价值。但是，标准组织往往对专利嵌入标准怀着十分谨慎的态度。因此，追求专利和标准融合产生的外溢价值，除了考虑“专利标准化”的方式，还要研究“标准专利化”的路径，即围绕现有标准或标准发展趋势来开展专利布局。

专利布局是一种构建专利组合的顶层规划和指导思想，往往是全局性的战略考虑。基于上文可知，最具市场控制力的技术竞争模式，莫过于标准化与专利布局的结合。当企业的专利技术成为产业标准后，该技术借助标准的推行与实施，在产业界和市场中得到迅速而强有力的推广。作为技术的拥有者，企业因占据有利的产业主导地位，而获得技术独占权和收益权，进而形成强有力的市场控制力。另外，从企业专利与标准化工作实践出发，成熟的技术市场拓展也应优先开展“标准专利化”活动。通过研究和分析已有标准，寻找可能的专利布局方向，为企业参与标准制定以及已有标准修订创造积极条件，增强企业在参与标准相关工作中的话语权甚至主导权。

（一）专利标准化

“专利标准化”指专利技术通过特定途径演化成技术标准或者将专利技术成分纳入技术标准当中，使得技术标准成为专利技术的推广与运营载体。从表现形式上看，专利是一个完整的技术方案，其侧重于产品结构的改进或制造方法的优化；技术标准则表现为一系列新性能指标的描述，是对生产技术设立的必须符合的条件，侧重于效果。通俗来说，标准规定应该达到的指标，专利则给出达到指标的方案。实践中，专利被写入标准的情形多出现在以下情况：

——标准在表达某些特定结构及其相互关系的方案时，需要将专利的技术要求纳入标准。在电子和通信等领域技术标准中，可能会出现特定结构的方案，其中特定的功能单元之间呈现某种特定的链接关系，多个相同或不同的功能单元相互配合完成标准的整体功能。在这类表达中，标准使用者有能力按照标准的规定，将其中各功能单元组合起来形成满足规定的功能整体。将各功能单元按照特定的关系相互连接，满足专利的结构性特征要求，这样的标准和专利可以视为方案等同。

——标准在表达操作过程或工作流程等程序性方案时，需要将专利的技术要求纳入标准。标准中所表达的生产工艺和检测等操作过程具有明确步骤，其表达方式与方法专利具有相同或相近的特点，容易等同于方法专利。

——标准在表达某些资源或成分比的方案时，需要将专利的技术要求纳入标准。标准中涉及材料及其他自然资源的分配比例，反映了特定的组分，容易等同于化学领域的专利技术要求。

实践中把已有专利融合到标准中，一般有“需求写入”“框架写入”和“方案写入”三种模式。方案写入，即权利要求被写入，标准描述的技术方案与专利技术方案全部技术特征基本重合；框架写入，即只涉及一部分权利要求，标准描述的技术方案包含了专利技术方案的某些技术特征；需求写入，即相对于专利的方案来说，标准描述的技术方案不包括其任何特征，只是表达了一种方向、诉求。从方案写入到需求写入，标准与专利的重合度越来越低，技术上的必要性随之下降，但同时专利标准化的难度也随之下降。

对于方案写入，专利与标准的方案相同，则专利是严格意义上的标准必要专利，不需要通过分析产品实物来举证就可以得出“实施标准必然使用该专利方案”的结论。这种情况标准与专利几乎完全等同，但由于将方案写入标准容易引起利益相关方的强烈反对，也容易因标准编制流程过于漫长导致标准技术水平落后并阻碍技术发展，故方案写入的标准化难度最大。

对于框架写入或需求写入，如果某项专利与某项标准若只有框架或需求相同，则无法成为严格意义上的标准必要专利，因为该专利只提供了一种实现标准规定的框架或需求的方案，存在使用其他技术方案实现标准框架或需求的可能性。这种情况下，由于标准不是一个完整的技术方案，标准实施者是否使用了该专利的方案，需要通过对比专利与其实际生产活动的等同性来判断。因此，如果存在较多专利给出的技术方案能够实现标准规定的框架或需求，则很难确认哪一项专利被写入标准，专利对于标准实施的必要性应该由相互有竞争关系的多项专利的集合来维持。相较于方案写入标准，框架或需求更容易标准化。

对于核工业的许多创新技术，框架写入或需求写入是一种非常好的方式。核工业的许多创新技术，具有研发投入大、市场化程度低的特点，转化后的成果多为非标产品或技术，市场往往缺乏成熟的同类产品或技术。从商业视角来看，尽管可以技术上避免侵权，但是替代方案成本高昂，不具有成本优势。这类技术如果采用框架写入或需求写入的方式融入标准，除了在融入时面临较小阻力外，事实上也发挥着标准必要专利的作用。因为标准使用者在实施标准时，需要用到的产品和技术并没有太多的选择，研制新的产品或技术的经济成本和时间成本又非常高。如某些特殊的核电厂气态流出物检测，基于特定方法转化而成的标准通常仅给出检查装置、方法的相关要求，但制样装置等在市场上除了主编单位外没有其他供应商，研发成本动辄数百上千万，从而形成事实上的标准必要专利。

（二）标准专利化

“标准专利化”是指围绕标准发掘专利不同于围绕产品和技术方案发掘专利。标准通常由各类要素构成，包括资料性概述要素、资料性补充要素、规范性一般要素和规范性技术要素。标准中的规范性技术要素是标准的核心内容，也是开展专利布局的基础。围绕标准尽可能多、尽可能有效地布局一定量的专利，可以从以下三个方面进行思考：

一是需求引领。基于标准中的需求，企业可以在外部标准化活动中，使用各种手段引导标准的发展，重点在需求方面引导标准制修订，一旦标准组织可能受到这种引导的影响苗头出现，就积极组织专利策划、迅速完成专利布局。

二是填补“空白”。即针对标准中可能涉及专利但尚未得到技术方案明确表述的地带，将自身专利填入“空白”。这些地带往往可能涉及专利，因此没有企业愿意在标准中把方案描述清楚。针对“空白”在知识产权方面做文章，用自有专利把这些陷阱填平，而不是在标准制修订中盲目提建议。

三是形成关联。针对标准中已经明确规定的功能需求，附加技术特征申请专利，开展专利布局，形成技术关联。例如标准中规定了某个设备应满足的某项性能指标，就策划一项对这个性能指标进行调节的方法或系统。

相应的，在实践中与标准相关的专利布局策略主要包括：一是需求引导型专利布局策略，当标准中虽有比较明确的方案，但该方案并非唯一实现技术效果的路径时，围绕可选方案挖掘标准相关专利，强调这些专利在商业上可行或潜力，形成一道实施标准必须使用的“专利围墙”。二是覆盖型专利布局策略，即当标准的技术要素未规范具体技术方案时，采取尽可能多的技术要求范围覆盖该要素内容，为今后标准的复审修订做准备。三是包围式专利布局策略，即当标准中规范有比较明确的方案且该方案是实现技术效果的唯一路径时，围绕该方案布局标准必要专利。

企业标准专利化围绕标准制修订的全过程，其主要模式可包括以下几点：

——围绕已有标准的专利布局。企业要根据标准中技术发展的周期性不断调整专利布局，避免在标准的“衰老期”进行专利活动。同时，企业要根据标准中技术发展的继承性和差异性优化专利布局，选择有发展潜力的技术方向进行持续的专利布局工作；通过跟踪标准化技术演变趋势，寻找技术缺口和专利布局时机；理清不同技术路线对应的标准发展方向，及时分析推动标准发展的关键技术发展动向，提高企业研发创新的指向性，动态调整现有专利布局策略和专利布局结构。

——在标准制修订过程中布局新的标准必要专利。实施专利创造布局的关键是积极参加标准制定和修改，利用各种制修订规则将专利嵌入标准之中。一般而言，在方案论证阶段，应了解项目背景及要求解决的问题，围绕各项关键技术检索国内外专利，进行风险预警和规避设计；标准提案准备阶段，要围绕标准草案发掘专利，形成初步专利技术方案，布置专利申请前的准备；标准起草阶段，要围绕标准草案征求意见稿发掘专利组合，制定专利申请策略，布置临时申请；在征求意见阶段，根据每次修改征求意见稿，考虑是否布置新的临时申请，同时对已申请的阶段专利同步迭代修改，保证专利文本与标准文本的对应关系；在审查批准阶段，确定最终的专利组合范围和每件专利申请文件的保护范围，布置正式申请。

——标准发布后的专利布局维护。在标准定稿后，企业通过分案等方式不断调整权利要求保护范围也非常重要。所谓“分案”，即指一件专利申请包括两项以上的发明，实用新型或者外观设计时，申请人最迟应在收到专利局作出授予专利权通知书之日起二个月内向国务院专利行政部门提起将该专利申请分立成两项以上的专利申请的请求；提出分案申请的，可以保留原申请日，享有优先权的，可以保留优先权日。通过分案，企业可以使整个专利族中始终存在至少一件处于审查状态的专利申请，进而能使整个申请布局更加对应标准的发展，动态地根据需要不断产生新的标准必要专利，拓展专利在实际使用过程中的操作空间。

三、标准与专利融合实施模式

技术、专利和标准组成标准与专利融合的三大要素。其中，技术是决定标准与专利融合方式的根本要素，根据技术的专业领域、先进性、公共属性、市场占有率、创新性和复杂度等特点的不同，技术转化为标准和专利的路径也有所不同，从而导致最终实现标准与专利融合的方法不同。因此从技术出发，分析不同类型技术转化为标准+专利形式的策略是本研究的主要方法。

但实际工作中，常常是技术已实现了专利化或标准化才考虑转化为标准与专利融合的形式，因此有必要根据标准或专利的不同属性，研究标准与专利融合的实施方法。本部分将围绕标准与专利融合的方法，分别对标准、专利和技术进行分类讨论。

（一）不同类型标准与专利融合的技术特征

标准可按照其属性（适用范围、专业领域、通用程度、标准化对象、功能和目的）和形成方式分为不同的类别，对于不同类型的标准，将专利融入其中的方式、难度都有所不同。

1. 根据适用范围划分

目前，核工业的各类标准有明确定位，如《中华人民共和国标准化法》规定满足基础通用、与强制性国家标准配套、对各有关行业起引领作用等需要的技术要求，可以制定推荐性国家标准；国家能源局《关于加快能源领域新型标准体系建设的指导意见》规定没有国家标准而又需要在能源行业范围内统一的，涉及重要产品、工程技术、服务和行业管理需求的技术要求制定能源行业标准；《关于加快能源领域新型标准体系建设的指导意见》也提出发挥团体标准快速反应市场和创新需要的优势，坚持团体标准由市场自主制定、侧重于提高竞争力的属性定位，聚焦能源新技术、新产业、新业态和新模式，配合国家标准、行业标准的实施应用，培育发展团体标准。

从专利应用推广的程度和前景来看，在不同适用范围的标准中实现标准与专利融合时，其适用的标准化对象具有不同的特点：

——在政府主导标准中实现标准与专利融合，适用于已经大规模应用推广的技术。在全国范围、行业范围、地方范围内推广的技术专利可分别考虑融入国家标准、行业标准、地方标准。大规模应用的专利涉及面广，融入国家标准、行标、地标时需要协调专利权人和公众利益，难度相对较大。

——在市场标准中实现标准与专利融合适用于新开发的技术和技术专

利。企业标准的适用范围有限，对于推广技术专利的作用也有限。而团体标准的适用范围广，同时比政府标准协调难度低，更具灵活性。因此，应充分发挥团体标准的优势，鼓励新型技术专利融入团体标准。

——在国际标准中实现标准与专利融合，适用于针对国际市场或可能全球推广的技术和技术专利。专利融入国际标准，可以将技术优势转化为贸易优势，在贸易过程中增加话语权，提高我国在国际贸易中的地位。虽然国家也鼓励技术专利融入国际标准，但由于专利融入国际标准涉及不同国家之间利益平衡问题，其协调难度也是最大的。

专利融入不同类型标准的异同见表 4-2。

表 4-2　专利融入不同类型标准的异同

类型	相同点	不同点
专利融入政府主导型标准	基本要求相同：做好专利信息披露和公开和专利实施许可等工作，采用 FRAND 原则	政策不明确支持；协调难度较大；只能采用免费许可、收费许可、不许可三种方式
专利融入市场主导型标准		政策鼓励；协调难度相对较低；侧重于在标准实施过程中进行许可方案谈判，实施许可方式更加灵活
专利融入国际标准		政策鼓励；调难度最大；实施许可方式固定

2. 根据标准化对象类型划分

按照标准化对象，可把标准分为技术标准、管理标准和工作标准三大类。技术标准是指对标准化领域中需要协调统一的技术事项所制定的标准。技术标准包括基础技术标准、产品标准、工艺标准、检测试验方法标准及安全、卫生和环保标准等。管理标准是指对标准化领域中需要协调统一的管理事项所制定的标准。管理标准包括技术管理，经济管理，行政管理和生产经营管理等标准。工作标准是指对工作的责任、权利、范围、质量要求、程序、效果、检查方法、考核办法的规定。鉴于这些特点，管理标准和工作标准不在与专利融合范围之内。

3. 根据目的划分

技术标准可用于保证可用性、互换性、兼容性、相互配合或品种控制等目的，专利写入这些技术的可行性较强。例如核电厂应急类设备的接口标准，使得那些依据这些标准制造产品可以在任何一个核电厂使用，确保不同产品之间的兼容，有效确保应急设备的相互支持。除上述标准以外，在社会生活中还存在其他各种各样的标准，例如为了确保食品安全，会制定食品添加剂的使用标准、包装饮用水的标准等；为了保护环境，会制定如水环境质量标准、空气环境质量标准和土壤环境质量标准等。这些标准都旨在确定一个最低限度的指标，在关系国计民生的重要领域划定一条“红线”，是国家履行职能保护民众生命健康安全、社会可持续发展的一种手段。这些标准都是民生标准、安全标准，这些标准的制定与不断完善，是一个国家治理意志的一种体现，一般不会涉及专利。

4. 根据形成方式划分

标准的形成主要有三种方式。第一种方式是事实标准。事实标准不是产生于特定组织的标准制定行为，而是由于市场运作的成功而自动形成的，通常是由处于技术领先的企业制定、市场实际接纳的技术标准，其典型是微软在个人电脑上的操作系统。第二种方式是政府制定或选定某种标准，然后在市场上推行。第三种方式是由标准组织制定标准。后两种方式又可统称为法定标准，法定标准与事实标准中融合专利的方式有所不同。总结来说，法定标准由政府或政府授权的标准组织制定，由政府部门颁布并管理，法定标准制定的目的是保证安全、健康或符合大众利益；市场中的企业或企业联盟，通过合作开发出来的，在市场推广中获得广泛使用而形成的公认标准称为事实标准，这类标准不需要严格遵守法定标准的制定程序，也不需要相应的标准组织批准发布。

尽管国家市场监督管理总局（原国家工商行政管理总局）颁布的《关于禁止滥用知识产权排除、限制竞争行为的规定》以及国务院反垄断委员会《关于滥用知识产权的反垄断指南》要求标准必要专利的持有者必须遵守FRAND原则。但在实践中，由于“事实标准”并不属于法律法规确认的标准类型，“事实标准”中的必要专利是否应该和标准必要专利一样进行规制存在不确定性。

（二）不同类型专利标准化的特征

专利主要是针对产品和方法，分为发明专利、实用新型专利和外观设计专利。

针对产品的专利主要对产品的形状和结构提出权利要求，融入标准时一般制定产品标准。产品标准的主要内容是规定产品应满足的要求，通常用性能特性表示。根据需要，还可以规定产品试验方法、技术要素通常以试验术语、包装和标签和工艺要求等。因此，产品专利在标准中主要体现在相关术语、性能指标和工艺要求等方面。

针对方法的专利主要对原料进行加工，制成各种新产品的方法提出权利要求，融入标准时一般制定方法标准或过程标准。方法标准是规定通用性方法的标准，以检查、分析、抽样、统计、计算、测定和作业等方法为对象，如试验方法、检查方法、分析方法、抽样方法、设计规范、计算方法、测定方法、工艺规程、作业指导书、生产方法、操作方法及包装运输方法等。过程标准的主要技术要素是过程应满足的要求，如设计规范、工艺规程、检验标准和安装规程等，过程标准可规定具体的操作要求，也可推荐首选的惯例。因此，方法专利在标准中主要体现在工艺规程、作业指导书、生产方法、操作方法、安装规程和检验标准等方面。

（三）不同类型技术的标准与专利融合实施模式

针对不同的技术，标准与专利融合实施模式的选取需要考虑以下因素。

技术先进性。若企业拥有先进性较强的技术，则可以凭借技术在行业中的领先优势，迅速将开发出来的新技术或新产品及时申请专利，并将所掌握的技术和专利转化成行业技术标准，成为行业标准的制定者，利用专利权和技术标准为武器来抢占和垄断市场。反之，若技术先进性不足，竞争各方技术方案各异，没有一个企业有能力直接将自己的专利技术升级为全行业所认可的技术标准，就不可采取直接转化的形式。

公共属性。某些公益基础类行业的特殊性和重要性决定了是通过政府还是市场推动标准制定。标准的公共属性越低，说明该标准私有性越强，即该技术标准是通过市场作用机制形成；标准的公共属性越高，对产业经济发展的重要性越强，因此推动标准诞生的主力通常是政府，以降低风险、减少资源浪费、实现社会利益最大化。若技术公共属性较弱，政府在标准制定的过程中产生的作用较小，那么行业内标准往往各自为政，技术标准从最初的研制发起到筛选制定，再到最后的实施推广都是由市场主体主导进行的。经过长期的市场竞争，可能会形成优胜劣汰的事实标准。因此，技术公共属性的不同会导致标准与专利融合实施模式有较大差异。

市场化程度。市场是检验技术创新成果、专利、标准协同转化是否成功的最终场所，技术标准的形成多是出于商业动机，是生产者和消费者在全盘考虑各种市场要素、权衡自身经济效益得失基础上的结果，具体包含一国市场开放程度、发展潜力、市场容量、结构、前景、氛围和法制程度等。技术创新成果、专利、标准协同转化的核心是让消费者满意、吸引客户并使其成为忠诚客户，从而不断扩大产品市场安装基数。如果没有用户接受产品，将不能实现整个技术创新成果、专利、标准的协同转化。

综上所述，标准与专利融合模式不仅依赖于技术先进性，而且取决于其公共属性和所在行业的市场化程度。技术水平、市场化程度和公共属性的变化具有连续性，也意味着由三者决定的标准与专利融合实施模式具有连续性，因此技术创新、专利、技术标准的协同转化模式具有无限多个类型。简而化之，可将技术水平、市场化程度、公共属性 3 个维度划分为高、低两个档次，从而有标准与专利融合的 8 种实施模式，如表 4-3 所示。

表 4-3 标准与专利融合实施模式选择

	技术水平	市场化程度	公共属性	融合模式
1	高	低	高	政府引导型
2	高	高	高	政府服务型
3	低	高	高	政府规范型
4	低	低	高	政府主导型
5	高	低	低	技术领先型
6	高	高	低	超级企业型
7	低	高	低	市场领先型
8	低	低	低	企业联营型

公共属性的强弱决定了创新成果的标准转化路径是政府推进还是市场选择：公共属性弱，采取市场选择路径；公共属性强，采取政府推进路径。在市场选择路径下，根据技术水平和市场化程度高低，又有表中的后四种模式可以选择。

1. 技术领先型模式——技术水平高，市场化程度低

技术领先型模式主要针对技术水平较高但涉及行业市场化程度较低的技术创新成果。其典型特征在于企业通过原始创新或突破性创新获得必要专利技术，该必要专利技术具有显著的技术优势，市场兼容性较好，深受市场青睐。同时由于该技术创新性强，其所创造出的细分领域行业整体发展水平还处于萌芽期。

此种模式宜优先选择将专利融入企业标准，然后再持续推进向团体标准、行业标准、国家标准转化。同时，企业通过专利免费或低价专利授权等方式，引导用户消费需求，培养用户消费习惯，获得用户基数并将其“锁定”，从而实现市场垄断，形成事实标准。这种模式，遵循企业创新研发—企业选择核心技术—企业申请必要专利—制定企业标准—专利产品的市场垄断—形成事实标准的路径。研发前，企业应准确预测行业技术发展及技术标准形

成方向，研发完成后选择不易被竞争对手模仿和替代的核心技术申请专利，使其成为必要专利技术，采取专利授权策略扩大用户规模，尽快实现必要专利技术的市场化，最终变为事实标准。

2. 超级企业型模式——技术水平高，市场化程度高

成功的技术领先模式往往能够形成垄断，并进入下一种模式——超级企业型模式。它是指对于技术水平、行业市场化程度均较高的技术创新成果，企业本身拥有较强的研发能力和创新实力，产品市场占有率第一，其通过构建专利联盟，有效整合企业内外部资源，实施技术突破，抢占技术标准制高点。进一步能够向海外进行技术扩散，积极争取技术标准的国际话语权。

超级企业型模式的典型特征主要体现在三个方面：一是技术水平层面，企业具有超强的研发实力，总体技术水平在行业内遥遥领先，其他企业开展创新研发，只能是基于超级企业的突破性专利技术进行再创新。二是市场化程度层面，企业拥有较高市场地位，形成一定程度的市场垄断，但是面临与海外强者的竞争，企业要想现有标准获得国际认可，单靠自身实力非常困难。三是企业层面，企业拥有较强的专利运营能力，通过多种专利策略实现技术创新成果的市场垄断，其他企业与超级企业间是不对等关系，要进入市场，必须接受超级企业苛刻的专利许可条件，但是企业进军国际标准市场需要政府支持。

超级企业型模式实施的技术创新成果转化策略主要有：

——构建专利池，吸纳各种分散的必要专利资源。超级模式企业凭借自身的市场领导地位牵头组建专利联盟，将必要专利资源吸引进专利池中，再将池中的专利技术都纳入技术标准，消除了专利和技术标准间的属性矛盾，使专利借助标准实现更大范围内的技术创新和扩散，进一步提升市场垄断地位。因此，企业要加强与国内产业、企业间的联系，从多个层面健全与完善标准化服务平台，进而形成功能模块，通过对不同标准化资源进行汇集、拆

分、组合，在标准化集成服务要求下，实现技术标准化资源的共享与集成，为参与国际标准竞争做好铺垫。

——积极寻求政府支持。政府不仅掌握很多信息与资源，而且具有宏观规范和调控市场行为的职能。在企业发展关键期，通过获得政府的大力支持，借助政府的示范效应，有助于实现消费者需求基数的提高，同时，借力政府参与更高层次的标准化竞争。政府应积极创造条件为企业获得国际技术标准制定的话语权和主动权，特别是在企业申请国际标准或标准决策的紧要关头，应通过有力的谈判确保本国企业的技术优势和市场利益。

超级企业型模式的诞生必须在技术、市场、企业 3 个方面具备条件：一是在技术方面，超级企业的大部分技术应该属于突破性专利，具有代继性、兼容性和系统性等特点。二是在市场化程度方面，超级企业的技术应具有较好的市场预期，并有大量的锁定用户，形成网络效应。三是在企业层面，超级企业拥有较高的现代管理水平、严密的知识产权防御体系、较高的专利及标准化管理水平，能够积极维护自己的知识产权。

3. 市场领先型模式——技术水平低，市场化程度高

市场领先型模式是指针对技术水平低但是行业市场化程度高的技术创新成果，企业基于自身已经形成的销售渠道，通过联合其他企业组建标准联盟，不断提升自身技术水平，以更好地迎合消费者需求，塑造品牌忠诚度，并最终形成事实标准。

市场领先型模式的典型特征主要体现在 3 个方面：一是在技术水平方面，虽然不属于尖端技术，但是也算得上先进技术，技术兼容性较好，技术交互频率高。二是市场化程度方面，该类产品拥有很大的市场需求和安装基数，是市场主导产品，消费受众稳定。三是企业方面，企业在产业生命周期早期阶段就开始涉足，抢占了优势地位，形成了完善的销售渠道，具有较强的营销推广能力和良好品牌信誉。

市场领先型模式的形成机理可从标准形成机制和市场选择两个方面展

开分析。首先，从标准形成机制来看，其遵循制定战略—积极培育市场—确立必要专利技术—进行专利授权—形成市场垄断—组建标准联盟—产生事实标准的路径。其次，技术优势并不一定能够保证该项技术最终成为技术标准，正反馈回路产生的自增强作用和收益递增机制会将市场主导技术或者产品锁定在具有网络规模优势的技术或产品上。

从市场选择角度分析，有利的一面是，该模式下的技术兼容性高，技术较为成熟，与市场联系密切，技术转化更容易实现，可以有效降低创新资源的使用成本；不利的一面是，该模式遵循在市场运作机制下形成事实标准。由于信息不对称、网络外部性和市场寻租等因素的存在，标准锁定在次优技术上，导致市场失灵，损害了消费者切身利益，不利于社会整体技术水平提升。

市场领先型企业的技术创新成果转化策略主要有持续性投入技术研发、发挥企业领导的带头作用、加强企业技术标准与专利管理 3 个方面：

——企业继续加大技术创新投入。重视技术标准的基础科研工作，使技术标准的发展与技术创新步调一致，通过技术标准战略，提升技术整体水平。企业拥有的自主创新技术和专利越多、越先进，技术标准的含金量越高，企业技术创新成果转化为事实标准的机率就越大。

——发挥企业领导的带头作用。在企业自主创新管理中，领导者的英明决策和领导方式能够有效激发全体员工的创新热情。因此，企业领导要勇于打破传统经营观念的束缚，深刻认识创新的重要性，树立标准取胜的意识，勇于面对自主创新和标准形成中的挑战与失败，尊重员工创新愿望、激发员工创新才能，为员工提供良好的创新环境，营造奖励成功、宽容失败的氛围。

——加强企业技术标准与专利管理。随着科学技术的迅速发展，专利与技术标准成为技术的重要组成部分。IBM、高通公司作为专门经营专利技术和技术标准的公司，制定了一套完备的专利与技术标准管理制度，相比之下，我国大部分企业目光不够长远，缺乏利用标准和专利智取市场的意识，企业内部没有设置标准管理部门，更谈不上专利、标准管理人员的引进。因此，我国企业应该转变经营观念，抓住有利机遇，充分利用国内外技术标准交流平台，加强专利与技术标准管理，加强标准管理人才培养，提升企业竞争力。

采取市场领先型模式需具备技术、市场、企业三方面的基本条件。第一，在技术层面，此类专利技术易于学习和操作。由于并非当下的主流技术，所以需要进一步改进和完善，提升市场接受度，以此创造更加有利的推广应用条件。第二，在市场层面，消费者对该类产品有较大需求和较高市场预期，投入市场后能够快速扩大安装基数，成为市场主导产品，形成市场垄断。第三，在企业层面，企业具备较强的技术研发与创新能力，熟悉专利申请流程和技巧，能够抢先获得专利授权；同时，高度敏锐，善于把握国家政策，具备游说政府机构的能力、公众影响力，以及较强的联盟能力。

4. 企业联营型模式——技术水平低，市场化程度低

企业联营型模式是指针对技术水平和行业市场化程度偏低的技术创新成果，拥有一定研发实力和市场销售能力的若干企业通过联盟发挥各自的技术优势，在前期市场调研的基础上共同开展创新研发，企业之间进行交叉专利许可，在产品研制成功后，利用自身销售渠道，共同推进产品市场垄断，使之成为事实标准。

联营型模式的典型特征主要体现在三个方面：一是在技术水平层面，企业缺少先进的专利技术，技术单一；二是在市场化程度层面，企业利用此类专利技术研发出产品，其市场接受度并不高，导致消费者处于观望状态，市场化不足；三是在企业层面，其市场影响力有限，仅仅依靠自身销售渠道和营销网络，难以达到预期安装基数和市场规模。

从标准形成机制来看，联营型模式遵循企业组建联盟—市场调研—技术研发—申请专利—专利交叉许可—实现市场垄断—形成事实标准的路径，各

方企业势均力敌，没有哪一个企业可以独自将自己的专利技术升级为行业标准。因此，企业通过组建联盟，进行交叉专利许可，合理、无歧视地从其他企业那里获得技术专利，有效降低了专利使用成本；同时，通过联盟，能有效防卫竞争对手实施的技术标准攻击，确保既有的市场份额。

从企业联营型模式的利弊角度来分析，益处在于企业联盟可以优势互补，共担创新风险，产生“1＋1＞2”的协同效应，有效提高创新效率与资源利用率，降低了创新风险，提高了整个市场的反应速度。因此，加入联盟是中小企业进行创新的最佳选择；弊端在于联盟的有效运转依赖于成员企业之间的资源整合力、信息共享力。由于信任机制和沟通机制是一把双刃剑，一旦运作失调，联盟就会土崩瓦解，产生资源浪费。

联营型模式实施技术创新成果转化的策略主要有：依靠资源、文化、信用与忠诚建立链接纽带；建立以信息管理为基础的电子商务平台；采用多元化绩效评价指标 3 个方面：

——建立有效的联结纽带。联盟企业间的关系很微妙，它们既相互依赖，又会为实现自身利益最大化而博弈。因此，联盟企业需要建立有效的联结纽带，而忠诚和信用、组织文化、资源是 3 种有效的联结纽带。联盟企业在遴选成员时，应对其资质、信用级别和组织文化等信息充分掌握，以保证成员属性与联盟要求相吻合。渠道互补性、技术互补性、基础设施互补性或人事互补性，共同形成联盟成员的优势互补，通过从其他成员那里获得自己所缺的资源，弥补自身短板，这样能够使联盟成员之间保持长期合作。共同的组织文化意味着思维方式和行为准则一致性较高，从而有效减少成员间摩擦。

——建立以信息管理为基础的电子商务平台。电子商务交流平台提高了联盟企业的协作效率和信息处理速度，改变了传统信息交流的滞后性和单向性，实现了数据的实时性管理和信息的多向性交流。借助基于即时通信技术的商务交流工具，联盟企业可以实现多元化、多渠道、多层次的交流合作。由于商务交流工具的针对性强，目标精确，从而能有效了解用户长期行为偏好和即时服务需求，使企业有的放矢，建立个性化的管理模型，更好地服务消费者，形成共同发展的和谐局面。

——采用多元化绩效评价指标。传统意义上的绩效评价方式大都依靠财务指标，评价方式较为单一和片面，对企业长远发展不利，会形成短期利益和局部利益导向。因此，应该采用多元化绩效评价体系，以反映企业长期利益和整体利益，具体涵盖财务管理、营销管理、生产管理、危机管理、人事管理和基础设施管理等。这些一级指标在实际应用时，能够细化为一系列二级指标，并能够进行度量和定性评价。

采取企业联营型模式需要具备技术、市场、企业三方面的基本条件。1）技术方面要求参与共同开发的企业，其技术具备较强的兼容性与互操作性，而且具备技术代继潜力，具有可演进性和持续发展性，能在市场上形成一定竞争优势。2）市场方面对该类产品有较高市场预期，产品投入后能够被消费者接受，形成一定市场规模，达到一定安装基数。3）从企业层面上，具有较强创新研发优势与合作能力，能够资源共享、优势互补，具有较强的专利和标准化管理能力，能够以进入专利池的方式进行专利联营。

蓝牙的标准化是这种模式的典型实践。蓝牙是一种小范围无线通信标准，最初由爱立信创制，1998 年英特尔、IBM、东芝、诺基亚、摩托罗拉和微软等全球著名企业敏锐觉察到短程无线通信技术暗藏巨大商机，与爱立信一拍即合，通过强强联合成立技术联盟，共同研发成本低、距离短的无线传输技术。这些企业都拥有自己的技术优势，如英特尔拥有半导体芯片技术开发优势，爱立信公司具有无线射频等技术开发优势，IBM 积累了笔记本电脑接口规格开发的良好经验，他们分工协作、共同作战，成功开创了蓝牙技术的先河，在蓝牙技术开发成功后，进行交叉授权，共同开发更多的配套产品。由于蓝牙技术兼容性好，互操作性强，应用简单，深受市场追捧，从而迅速席卷全球，引来越来越多的联盟成员加入。目前，全球的蓝牙技术标准联盟成员超过 38 000 家，形成事实标准。

第四节　核工业标准组织完善标准与专利融合制度

如前文所述，标准组织在制定标准时更倾向于采用通用技术而非专利技术。主要矛盾在于标准的“公共属性”和专利的“私有属性”之间的矛盾。标准是公开的、普遍适用的规范性文件，专利是一种排他性的私有权利，专利一旦被融入技术标准，专利保护的时限性甚至是地域性就会大为扩大，变相提升了专利权人的垄断权。这也导致了国内外的核工业标准组织既不鼓励也不反对标准与专利融合，对于国家标准甚至明确提出“一般不涉及专利”，专利政策也普遍呈现“三不”特性，不介入标准所涉专利的相关性评价、不干涉专利许可谈判，不参与解决专利争端。可以预见，将不利于贯彻落实国家提出的标准与专利联动的要求。

为引导和规范标准与专利融合工作，标准组织宜从促进核工业创新发展出发，在合理可行的基础上引导具有较强公共属性、对行业发展具有重大作用的专利技术融入标准，进一步提升标准所涉专利的透明度。

一、引导重要专利融入标准

本章第三节在分析不同类型技术的标准与专利融合实施模式时，对于“公共属性”高的技术给出了政府介入的建议。对于国家标准和行业标准，政府与标准组织是一体的，对于团体标准和企业标准，可视同标准组织发挥着政府的作用。这些“公共属性”高的技术对于核工业尤为重要，应在分类评价其作用的基础上，加以引导融入标准，服务于核工业的安全高效发展。

（一）与核安全、健康、环境相关的先进技术

核与辐射安全作为核能与核技术利用事业发展的生命线。国家要求核安全“绝无一失”，也要求在核技术的研究、开发和应用的各个阶段，在核设

施设计、建造、运行和退役的各个阶段产生的辐射对从业人员、公众和环境的不利影响降低到可接受的水平。标准组织应积极引导与此相关的专利技术融入标准。

这类标准往往为强制性国家标准，如全国核安全标准化技术委员会制定的核安全标准。对于此类标准，甚至可以强制将专利技术融入标准。《中华人民共和国专利法》规定“在国家出现紧急状态或者非常情况时，或者为了公共利益的目的，国务院专利行政部门可以给予实施发明专利或者实用新型专利的强制许可”。《国家标准涉及专利的管理规定（暂行）》也规定“强制性国家标准确有必要涉及专利，且专利权人或者专利申请人拒绝作出《规定》中规定的专利实施许可声明的，应当由国家标准委、国家知识产权局及相关部门和专利权人或者专利申请人协商专利处置办法”。

因为核工业的保守性，与核安全、健康、环境相关的先进技术在融入标准时往往又非常慎重，甚至面临较大阻力。标准组织部门和核安全监管部门宜联合探索建立相应的评估机制和指标体系，促进与核安全、健康、环境相关的专利技术融入标准。

（二）对行业起引领作用的先进技术

《中华人民共和国标准化法》《关于加快能源领域新型标准体系建设的指导意见》等明确规定满足基础通用、与强制性国家标准配套、对各有关行业起引领作用等需要的技术要求，可以制定推荐性国家标准或行业标准。起引领作用的技术大多为先进的创新技术。对于此类专利技术，国家标准和行业标准的标准组织应按照必要的程序，积极引导将其融入推荐性国家标准和行业标准。

（三）其他创新技术

团体标准是创新成果转化的主要渠道。目前，我国核工业专利已有16 000余件（见第三章），广泛分布于反应堆及核动力、核电建设及运行、核燃料循环和核技术应用等领域。团体标准组织应以促进行业技术水平整体提升为目标，鼓励将相关专利融入标准。可考虑构建专利池，统筹标准与专利融合。

二、加强专利信息披露

在标准与专利融合过程中，披露标准所涉及的专利信息是非常必要的，甚至可以说加强标准必要专利信息透明度是标准必要专利的首要问题。要尽可能披露专利信息的原因有以下几点：

——透明度和公正性：标准制定是一种公共利益的行为，需要确保透明度和公正性。披露专利信息可以确保标准组织和参与者了解专利的存在和范围，避免不透明的行为。

——避免滥用市场力量：通过披露专利信息，可以防止专利持有者滥用其市场力量，例如通过过高的许可费用或不合理的许可条件限制竞争。

——促进许可谈判和交叉许可：标准必要专利的实施涉及多个不同的权利人，包括标准组织、专利持有者和实施者等。专利信息的披露可以促进许可谈判和交叉许可的进行，有利于各方达成互利的协议。

——确保技术的互操作性：标准必要专利是用于实现特定的关键技术，披露专利信息可以帮助其他技术开发者理解专利涉及的技术要点，使各家产品在技术上能够相互操作。

——减少诉讼风险：专利持有者未披露标准必要专利信息，导致实施者无法合理获得许可，可能会引发专利侵权纠纷和诉讼。通过积极披露专利信息，可以减少诉讼风险，确保利益相关方之间的合理沟通和互动。

需要注意的是，尽管专利信息的披露很重要，但在具体的许可谈判中，专利持有者和实施者仍然需要进行许可协商，以确定合理的许可费用和条款。努力保持信息透明和公正只是为了确保公平的许可过程，并促进各方之间的合作和互利。

目前核工业的标准组织普遍遵循《国家标准涉及专利的管理规定（暂行）》、GB/T 20003.1—2014《标准制定的特殊程序　第 1 部分：涉及专利的标准》对披露专利信息的相关规定，而没有新的要求。这些规定概括起来主要为如下几点：

——在标准制修订的任何阶段，要求或鼓励相关方披露必要专利。

——参与标准制修订的组织或者个人应当披露必要专利，鼓励没有参与标准制修订的组织或者个人披露必要专利。

——应披露的必要专利包括披露者拥有和知悉的必要专利。

——参与标准制修订的组织或者个人应对所披露必要专利的真实性负责并提供证明材料，未按要求披露其拥有的专利，违反诚实信用原则的，应当承担相应的法律责任。

——标准组织应当在涉及专利或者可能涉及专利的标准批准发布前，对标准草案全文和已知的专利信息进行公示。

上述规定给出了相关方的义务，但在操作层面上，往往存在较大漏洞。核工业目前的标准制修订工作，包括提案的提出、起草、征求意见和送审稿审查等，参与者普遍偏少，很难全面掌握相关的专利信息。此外，由于标准组织不对披露的有效性和真实性负责，各标准组织也没有建立核工业的专利数据库，标准起草者、使用者难以查询可能涉及的专利。为此，标准组织宜与核工业专业的知识产权机构、标准化机构合作，建立权威的核工业专利查询渠道，进一步提升标准必要专利信息透明度。

三、必要专利实施许可声明

“必要专利实施许可声明”是标准组织在有限作为下的一种保护专利实施者的有效措施。通过要求必要专利实施许可声明，可以确保专利持有者和实施者之间的合理交流、许可谈判和公平竞争，从而促进标准的有效实施和技术的广泛应用。在“标准必要专利”的形成和后续许可中，要求进行必要专利实施许可声明的原因如下：

——透明度和可预测性：标准组织和标准制定参与者需要了解哪些专利是必要的，以便在技术开发和实施过程中做出知情决策。通过必要专利实施许可声明，专利持有者将明确指出自己的专利是在标准实施中所必需的，保障透明度和可预测性。

——鼓励许可谈判和公平竞争：必要专利实施许可声明的要求可以鼓励专利持有者与实施者进行许可谈判，以确定合理的许可条件。同时，它还确保了技术的开放性和公平竞争，阻止了专利持有者滥用其专利权垄断市场的行为。

——建立合理的许可费用：必要专利实施许可声明要求专利持有者向实施者提供合理、非歧视和公平的许可条件。这有助于确保许可费用的合理性，避免专利持有者通过过高的许可费用或不合理的许可条件对实施者进行不公平的限制。

——降低诉讼风险：必要专利实施许可声明的要求可以降低专利侵权诉讼的风险。如果专利持有者未能在标准制定过程中申报其专利为必要专利，并在实施过程中对实施者提供许可，那么实施者可能会因为侵权而面临风险。通过实施许可声明的规定，可以提供清晰的许可路径，减少纠纷和诉讼的可能性。

——保护消费者权益：必要专利实施许可声明的要求确保了消费者能够在实施标准时不受不合理的专利费用和限制的影响。这有助于保护消费者权益，促进技术的广泛应用和普及。

与披露专利信息类似，目前核工业的标准组织普遍遵循《国家标准涉及专利的管理规定（暂行）》、GB/T 20003.1—2014《标准制定的特殊程序　第1部分：涉及专利的标准》对必要专利实施许可声明的相关规定，而没有新的要求。专利权人或专利申请人的这些必要专利实施许可声明要求概括起来主要为如下几点：

——以公平、合理、无歧视（FRAND）为基础进行许可。

——许可的方式分为三类：1）免费许可实施专利；2）收费许可实施专利；3）不同意以上两种方式。涉及专利但未获得1）或2）许可的标准草案不予批准发布。

——许可声明一经提交就不可撤销，直到该标准的相关内容被修订。

——除非后提交的许可声明对标准实施者更宽松、更优惠，否则不可取代之前的许可声明。

——转让或者转移必要专利时，应事先告知受让人许可声明的内容，并保证受让人同意受该许可声明的约束。

——标准制修订或者实施过程中，专利权人或专利申请人应向标准组织及时告知必要专利的任何信息变更。

——若在标准发布后存在未许可的问题，则要么补充许可声明要么废止或修订该标准。

上述对于必要专利实施许可声明的要求基本保证了专利实施者免受不公平不合理对待。但对于强制性标准与专利融合，并没有明确的、可操作的要求，而是强调在未获得专利权人或者专利申请人免费许可或收费许可声明的情况下，除强制性国家标准可批准发布。正如本章前文所述，标准组织宜从促进核工业创新发展出发，引导具有较强公共属性、对行业发展具有重大作用的专利技术融入标准。核工业标准组织有必要加强对这些专利实施许可声明的要求。一方面，对与核安全、健康、环境相关的先进专利技术，以公益性为基础要求免费许可或非营利性收费许可；另一方面，对于对行业起引领作用的先进技术，应遵循利益平衡原则，既要保证专利权人的创新投入可以获得合理的回报，又要使得许可费维持在合理范围内，从而保证技术标准能够广泛普及和应用，以促进核工业健康可持续发展，此外还应考虑社会公众的利益。为此，可采取多种措施，参照相关技术转让价格或限定盈利水平的方式进行许可。

目前，欧盟委员会正在考虑制定“澄清 FRAND 概念的指导原则”“基于 FRAND 原则的许可谈判指南”“价值链中许可级别指南”，以进一步明确 FRAND 条款。欧盟委员会希望简化“对公平、合理、非歧视”（FRAND）原则的确定程序，在涉及这些条款时应当加快谈判速度并降低成本。我国核工业标准组织亦可参照完善许可规则。

第五节　健全标准与专利融合的第三方服务

我国目前关于标准必要专利的判定、许可费率和形成程序等问题在法律、规章上有一定的规制，但较为分散，在实践中往往不具备足够的指导性。标准与专利融合工作的顺利开展，需要专业的标准、专利业务能力，更涉及公正地处理各方分歧。标准组织通常无力或难以解决、协调许可分歧和法律纠纷。为此，标准组织联合或委托核工业的标准化专业机构、知识产权机构开展第三方的技术支持和服务成为关键一环：

——中立性和公正性：第三方服务机构通常是独立的、中立的机构，不直接参与技术标准制定和专利申报等过程。他们能够提供客观、中立的意见和判断，确保标准必要专利的管理和许可过程公正、透明，避免利益冲突和偏颇的情况发生。

——专业性：第三方服务机构通常具备专业知识和经验，能够提供专业的审查、确认、协商和仲裁等服务。他们对于技术领域和专利法律等方面具备深入理解和专业知识，能够为相关参与者提供准确的专业意见和建议，帮助他们作出明智的决策。

——公平竞争和维护权益：第三方服务机构可以促进公平竞争和维护各方权益。他们可以帮助管理一揽子专利池或协助双方进行许可谈判，确保许可协议达到公平合理的条件，防止任一方对于标准必要专利的滥用和垄断行为，确保市场竞争的公正性。

——减少纠纷和诉讼风险：第三方服务机构可以提供协调和解决争端的服务，从而减少标准必要专利相关的纠纷和诉讼风险。通过提供专业的调解、仲裁和调查服务，他们可以帮助相关参与者快速解决专利许可和侵权等争议，维护市场秩序和争端的和平解决。

综上所述，第三方服务机构在“标准必要专利”相关的管理和许可过程中发挥着关键作用。他们能够提供中立、专业、公正的服务，确保其管理和许可过程的公平性、透明性和合理性，维护各方的权益，促进标准的实施。

一、专利池管理服务

为提高标准制定过程中的透明度，ITU、ISO 和 IEC 都向公众提供一个专利信息数据库向公众开放。专利信息数据库可能包含特定专利信息，或可能没有包含此种信息而是包含针对某个具体建议书/可交付件符合专利政策的陈述。我国核工业专业的知识产权机构可参考建立核工业专利池或数据库，为标准提案、起草阶段的全面的专利信息披露提供咨询服务。也可建立统一的核工业标准必要专利数据库，为标准的使用者提供咨询服务。此外，由第三方机构管理和维护专利池，可以提供专利申报、验证和许可规定等方面的支持，促进标准的实施和技术的普及，确保专利持有者和实施者之间的公平许可。

第三方机构除了建立数据库之外，应定期更新披露专利的著录项信息，在日常专利披露工作外支持成员上传第三方作出的标准必要专利评估信息、法院关于专利必要性的裁判结果等信息。

二、标准必要专利评估服务

标准制修订工作中，标准组织不承担审核职责，成员披露专利信息完全基于自愿，可能导致 SEP 信息存在透明度偏差。一方面，前期披露的专利在标准正式发布后可能不是真正的 SEP；另一方面，当前的披露规则实际上赋予了标准必要专利权人天然的动机尽量多地申请，从而获取更多的利益。

有必要成立独立机构对标准必要专利开展评估。第三方机构可以提供专利审查和确认的服务，验证专利是否符合必要专利的要求。这些机构可以独立评估专利的有效性、技术的重要性以及其对标准的必要性，为标准组织和技术标准制定参与者提供专业意见，帮助他们做出知情决策。通过建立评估体系，也可为企业开展专利标准融合工作提供指导，包括：突出企业高价值专利的评估和标准转化，企业对自身专利技术开展分析，鼓励开展专利导航、专利布局、专利价值评估，将专利奖、发明专利和 PCT 专利等核心技术专利转化为先进标准，体现转化成效（技术指标的先进性，经济社会效益）。第三方机构开展标准必要专利评估时，也应鼓励专利权人在标准报批前开展专利评估工作并允许实施者对必要性质疑。

第三方机构首先要发挥标准必要专利必要性评估的作用，包括建立标准必要专利评估相关工作细则，规范标准必要专利的判定方法，尽可能防止专利恶意披露或隐瞒专利存在的情况发生，给出专利的权利要求对应特定标准的哪部分而言是必要的、为什么必要以及如何必要的信息，评估标准实施者对其产品是否侵犯特定标准必要专利。其次，第三方机构也应当发挥标准必要专利鉴定的作用，负责在标准制修订过程中为标准组织提供推荐性的专利必要性评估结果，作为标准组织和标准审查专家组做出最终决定的参考，为企业标准必要专利认定纠纷的问题提供技术支撑。

三、标准必要专利许可服务

（一）基本概念

我国《专利法》规定：“任何单位或者个人实施他人专利的，应当与专利权人订立实施许可合同，向专利权人支付专利使用费”。很多时候，专利许可是出于多种因素的综合考虑，提出企业对外许可的动因与创新前边际成本相关的市场规模、创新质量和商品间可替代性有关。专利权的许可方式包括一般许可、排他许可、独占许可、分许可和交叉许可：

——一般许可。专利权人许可他人在规定的时间、地域内享有对专利的使用权后，自己仍保留实施该专利的权利，同时还有权在同一地域内就同样专利再许可任何第三方使用。

——排他许可。专利权人许可他人在规定的时间、地域内享有对专利的使用权后，除专利权人可保留这方面权利外，不得再将同一许可证发放给任何第三人。

——独占许可。专利权人许可他人在规定的时间、地域内享有对专利的使用权后，不仅无权向第三人发放该专利的许可证，而且自己也不得在合同期限内使用该专利。

——分许可。专利权人许可他人在规定的时间、地域内使用该专利的同时，又允许被许可方将该专利许可给第三人使用。

——交叉许可。两个专利权人均允许对方在一定的时间、地域内实施自己的专利，或允许对方将自己的专利许可给任何第三人使用。在易引发专利诉讼的新兴市场的研发中，许多企业更倾向于开放地转移技术，获取外部技术或确保经营自由，因此这些企业很容易就交叉许可达成共识，从而可以利用彼此的技术。

标准必要专利作为技术产业创新中的一种特殊专利形式，同其他专利一样，必须通过许可的形式实现技术的实施利用。标准必要专利的技术传播通过标准的限定实施速度更快、许可范围更广、技术产业化程度更高，权利人获益更大，甚至会影响其他竞争者加入，造成行业垄断。

（二）标准必要专利许可的 FRAND 原则

由于标准必要专利的特殊性，其既具有专利的私权属性，也拥有标准的公共属性，两者本身存在权利上公与私的冲突，在标准必要专利的许可上，想要满足专利权本质的权利转化利益的本质属性，又要使得公众在克服排他性之后使用该技术实现技术通用，就需要能够平衡标准和专利之间矛盾，解决在标准推广中专利权的排他使用。20 世纪 90 年代初期提出的 FRAND 原则强调了在调和专利与标准本质属性时要秉承三个重要原则，要求标准必要专利的专利权人必须从“公平、合理和非歧视性”这三方面进行承诺，保证专利的实施者能够享受到这三个许可条件，因此 FRAND 原则又称之为 FRAND 承诺。

在这三个原则中，公平和合理显然无法准确定义也无法准确考虑。实际操作中，能够让谈判双方都接受的许可协议应被认定为是公平合理的。而无歧视原则就要求标准必要专利权人在面对条件相当的被许可人时，应当提供给各方相同条件的许可费。FRAND 原则本身的模糊性和宏观性使得其目前仍然缺乏有效的现实指导公认方案，实际操作汇总常常由于三个原则的使用不当导致标准必要专利实施人和专利权人的纠纷。学术界目前主要存在以下几种观点[①]：

——有利于第三方。指标准必要专利权利人向标准组织作为 FRAND 承诺，有一项必要条件就是必须利于第三方形成利益合同，所谓的第三方就是标准实施者。第三方未来在实施标准的同时可以请求权利人与其达成遵从 FRAND 原则的许可协议。例如，甲方需要实施一项标准必要专利技术，且乙方为标准必要专利权人，那么相对来讲，甲方是乙方和标准组织的第三方受益人，其有权请求与专利权人达成许可协议。事实上，在美国和大多数司法界，这是经常使用的解决诉讼纠纷的手段。

——反垄断原则。针对一项标准必要专利如果其权利人在本领域中处于绝对影响地位，即事实上形成了行业垄断，那么 FRAND 承诺就要求针对标准必要专利的权利人进行强制缔约，即其有义务与有需求使用标准必要专利技术的第三方达成许可协议。

——专利权人承诺。这种法律阐述主要基于 ETSI 知识产权政策，是指专利权人在其专利被认定为标准必要专利后作出的 FRAND 许可承诺，目的是使未来的标准实施者相信专利权人能够在双方之间进行专利许可时满足 FRAND 承诺原则。

---

① 杜鹏. 标准必要专利许可使用费司法确定问题研究. 西北大学，2017.

——合同邀约。在我国合同法中规定 FRAND 承诺解释为要约邀请，类似公告性质，但其仅限于进行了邀请，不等同于签订了合同，即认为标准必要专利权人向标准实施者发出了签订许可合同的邀约，愿意遵从 FRAND 原则签订合同。

（三）标准必要专利许可费用

一般专利权许可是在技术竞争中双方自愿达成的合作意愿，那么核心问题就是许可费用，类似于商标对应合适的价位。对于标准必要专利来讲，标准的实施者没有自由选择权，标准必要专利的许可具有一定强制性和必然性。由于标准必要专利的这种属性，使得专利权人市场主导性更强。FRAND 原则虽是防止专利权人将标准必要专利进行行业垄断，但在实际操作中，标准必要专利的许可费用往往是过高甚至是不合理的，造成许可谈判不成功进而诉诸法院；如果专利技术实施者败诉，甚至会被行业直接淘汰。但对于标准必要专利权人来讲，其也具有一定风险。如果标准必要专利权人滥用权力，显失公平，存在垄断行为，将面临反垄断法的规制。而 FRAND 原则如果被不当使用，也会成为标准实施者故意压低许可费、恶意拖延谈判的一项重要筹码。

专利许可使用费没有统一标准，一般由实施许可合同中由双方协商确定的。计算专利许可费用，不仅需要考虑专利权人的研发技术难易程度和研发成本，还需要考虑未来技术实施的收益，同时还要考虑专利许可类型、实施的行为种类以及期限等因素。此外，市场上是否有可供选择的替代技术，也是影响使用费的因素。

在标准必要专利许可费用的确定，目前主要有要素模拟法、专利价值评估法和参照对比法等。

1.“Georgia-Pacific”要素模拟法

专利权人与专利实施者在未发生专利侵权纠纷的前提下，模拟双方初始自愿就专利许可协议进行谈判，模拟因素主要涉及 15 项“Georgia-Pacific”

要素，即美国的司法实践在 1970 年通过 Georgia-pacific 案确立了 15 个考虑要素，假设诉争双方如果在专利被非法实施之前成功地进行了许可费的谈判，双方在考虑了所述 15 个要素的情况下确定的许可费。主要包括许可性质要素、市场效果要素和专利自身特性要素。如表 4-4 所示。

表 4-4 “Georgia-Pacific”模拟要素

许可性质				
涉诉专利已收许可费	侵权人已支付许可费	许可性质及范围	双方商业关系	专利权及许可的期限
市场效果				
双方商业关系	专利产品的销售影响	专利产品获利能力	使用专利技术程度	行业中类似专利使用的利润及售价
专利自身特性				
专利权及许可的期限	专利的实用性和优势	专利权人自身使用专利技术的情况	专利本身所带来的利润	具有资质的专家证言

许可人（如专利权人）与被许可人（如侵权人）可能合理、自愿达成的许可费额，使得被许可人通过支付合理的许可费生产、销售特定专利产品，但同时仍然可以从销售产品中获利，这种利润的额度是专利权人可以接受的。

以上要素本身并非固定计算的模式所要考虑因素，其仅仅提供了在科学合理计算许可费用需要确定考虑的诸多方向。对于一项具体的专利，除了要进行多个考虑因素的量化，还要权衡其所占的比重。在极端特殊的情况下，也可能其中一个因素就足以确定许可费率的大致额度，未必要考虑剩下所有的因素。例如，如果专利权人非常看重所针对许可的专利之前就已经收取多少许可费，且对于被许可人来讲，参考之前的许可费率是能接受且符合业内常规认知的，那么基于这一因素双方基本能够确定最终的许可费。

2. 专利价值评估法

专利价值评估法的核心依据就是最大程度考虑专利技术本身所创造的

价值收益，具体是指专利技术或者专利产品在产业覆盖的程度以及体现的价值，称之为专利贡献度。由于专利贡献度的量化需要考虑产业价值、技术价值，但这往往并非一件专利技术能够明确对应的，因此当一项标准存在多项专利且专利技术分别许可后，如果要使用这项标准就要项不同的专利权人支付许可费，这就产生许可费的堆叠。如果一项标准的多个专利不是属于一个专利权人，那就需要分别定价，多次许可，造成堆叠后的许可费非常高，从而影响标准技术的传播使用，既不能促进行业进步，也没有使得技术创新的专利权人得到相应的收益。因此专利价值评估法就是首先要解决许可费用总和的合理确定，然后在确定标准相应各专利的所占比重来明确响应的系数，通过系数和总和来确定每项专利的许可费用，这样的做法就能够在一开始明确费用的总和，相当于设置了许可费用上限。

3. 参照对比法

参照对比法就是参考之前的做法进行计算和评估，当然需要结合实际情况，纳入合理因素，得出许可方和被许可方双方都能够接收的费用范围。一般在一项标准中，其标准必要专利的权利人如果将这项专利技术许可给不同的实施者，每个实施者所需的许可费用理论上应大致相当。前一节论述的FRANDE原则就是对设置参照对比法的立论来源，FRANDE原则要求所有被许可人都要在公平的环境下实施专利技术从而推动标准的使用，如果不同的专利实施者付出的许可费用不同甚至差异极大，那么在同一行业中竞争的成本就会存在巨大差异，这显然违背FRANDE原则。实际上，如果双方在先就签订国许可协议并且仍然有效，那么法院也会参考之前协议，确定许可费用。

（四）第三方服务机构

第三方机构可以作为中介，协助专利持有者和实施者进行许可谈判，在标准制定过程中可以协调专利持有者和实施者之间的许可事宜，帮助解决标准必要专利相关的许可问题。他们可以就必要专利的范围、许可条件和费用等方面进行协商和协调，确保许可的公平性和合理性。也可以提供中立的讨论平台，推动双方就许可条件、费用和条款等进行公平和平衡的讨论，帮助达成互利共赢的许可协议。

这些第三方服务可以为标准必要专利的管理和许可提供专业支持，促进标准的实施和技术的普及，维护专利持有者和实施者的权益，促进合作和创新。对于核工业标准必要专利的受众小，产品和服务难以批量化，许可费用的确定存在独有的特点和难点，需要第三方机构提供专业的服务。

具体的协商原则或方法方面，可参照欧盟的有关做法。如，为了帮助标准必备专利的所有者确定他们可以收取多少专利授权费，减少因专利使用费纠纷而引发的诉讼。第三方机构也可以参照欧盟的做法来进行服务。欧盟委员会希望公司之间就专利授权费总额达成一致，同时认为：

第一，许可费计算最重要的是确定许可费计算基准，整个产品或最小可实施单元都可作为计费基准。许可费的计算一方面不应包括技术因纳入标准而产生的溢价（即专利劫持价值），另一方面应关注专利反劫持问题，如实施者拒绝进行善意谈判或延迟谈判。

第二，推荐使用多种方法结合的方式计算许可费，许可费计算通常使用事前评估法、可比许可协议法、自上而下法和现有价值增加法（PVA）。上述四种方法都有其优缺点，实践中主要基于评估时段、可获得数据等因素综合选择计算方法。所以可选择多种方法结合的方式计算许可费，如选择使用可比许可协议的同时使用自上而下法进行校对，最终的结果也通常不是一个固定值而是价格范围。

第三，无歧视的含义较为复杂，应进行整体考虑。无歧视要求专利权人对于许可条件相似的实体施加相同的许可条件，但也并非要求专利权人对所有实施者都给予相同的许可条件，考虑因素包括销售量、支付许可费的确定性和地域性等。允许对竞争者提供批量折扣、一次性折扣和年度许可费上限；允许只针对特定实施者收取许可费；若有证据证明现行选择性执法扭曲市场竞争则应进一步审查该行为。

在许可过程中，往往涉及众多企业或延伸许可，即所谓许可层级。对此，有人提出：第一，对许可产品实行单一层级许可。单一层级许可不仅可以降低许可成本还可以减少对于重复收费的指责。第二，许可费中立。无论是供应商还是最终产品提供商，若应用的技术标准相同则许可费应大致相同。第三，许可费向下传递。若专利权人的收费对象是价值链的上层，则供应商应把专利许可费加入其产品的最终售价中。

四、专利侵权调解和仲裁服务

对于涉及专利侵权争议的情况，第三方机构可以提供调解和仲裁服务，帮助解决争端。他们可以依法调解或仲裁，根据相关法律、合同和协议来判定专利侵权的情况，推动双方达成和解或采取其他适当的解决措施。

第六节　标准必要专利的法律保护

标准必要专利“公有性”和“私有性”共存的性质，决定了对标准必要专利的法律保护更为复杂。许多标准在采纳新技术时无法回避使用受专利保护的技术，此种技术标准制定后，任何采用该技术标准的产品都会构成专利侵权。如何平衡标准必要专利中，技术标准的普适性与专利的独占性，一直是标准必要专利法律保护的难点与重点。

一、标准必要专利法律保护路径

我国对标准必要专利的法律保护多通过司法手段实现，近年来涉及标准必要专利的司法案件逐年增多。我国标准必要专利的司法案件，主要有标准必要专利侵权诉讼、标准必要专利许可条件纠纷、针对标准必要专利提起的行为保全（以禁诉令为主）以及垄断纠纷等。北京高院发布的《标准必要专利诉讼案件法律问题与对策探析研究报告》将标准必要专利诉讼案件中的法律问题归纳为侵害专利权禁令救济问题、许可费问题和滥用市场支配地位问题。本书将重点讨论标准必要专利侵权之诉、标准必要专利许可条件确认之诉以及标准必要专利行为保全。

（一）标准必要专利侵权之诉

标准必要专利权人因拥有特有技术而取得专利法所赋予的独占权，更因为技术加入标准使得市场参与者难以回避使用其专利，获得相关技术市场上的支配力，在他人未经允许实施标准后提起标准必要专利侵权诉讼。然而在标准制定与修改过程中，标准不断发展，技术更迭专利不断变化，涉案专利能否被认定为标准必要专利成为此类案件破题的关键。除此之外，标准必要专利许可费率是否符合 FRAND 原则、侵权后的救济也都是标准必要专利侵权诉讼中的讨论的重点。

（二）标准必要专利许可条件确认之诉

一般情况下，在标准的制定中会尽量避免涉及专利，但在一些领域的前沿技术标准中，为更好推动技术的进步，不可避免地将在保护期内的专利纳入进去。为了避免专利挟持现象，标准组织一般会出台知识产权（专利）政策，要求参与标准制定的专利权人事先披露自己所拥有的标准必要专利与专利申请，并声明将来按照公平合理非歧视的许可条件对标准实施者发放专利许可。但是，通常多方很难就许可条件达成一致，在普通专利的权利人和被许可人对许可费率无法协商一致时不能起诉请求法院裁决费率，然而在标准必要专利纠纷中可以借助司法力量，请求法院确定许可费率。法院通过自上而下法和可比许可协议法等，确定标准必要专利对专利产品的贡献率，从而确定标准必要专利许可费率。

（三）标准必要专利行为保全

产业竞争格局的变化、标准必要专利许可问题的复杂导致标准必要专利纷争愈演愈烈，除了上文提及的侵权诉讼、许可费率纠纷，标准必要专利全球费率的地域管辖权也是关注的重点。各国诉讼程序中对管辖权的规定不尽相同，专利的地域性更是易于引发国际平行诉讼。实践中，专利权人与标准实施者无法就标准必要专利许可达成协议，专利纠纷管辖权又存在冲突无法调和时，禁诉令就成为一些国家法院获得裁定许可费率主动权的常用手段，通过禁诉令裁定禁止当事人就同一事实在他国法院提起诉讼。

我国《民事诉讼法》第 103 条规定的行为保全制度和《最高人民法院关于适用〈中华人民共和国民事诉讼法〉若干问题的意见》第 306 条规定的“拒绝承认和执行外国法院的判决、裁定”制度，为消极对抗外国法院针对我国司法判决发布的禁诉令，适时签发新的禁诉令提供了法律依据。

二、标准必要专利侵权认定分析

标准必要专利是为实施某一技术标准而必须使用的专利，具有必然实施性、不可替代性和强制性等特点。为平衡标准的应用与技术垄断问题，标准组织制定知识产权政策，通过专利披露与专利许可政策，推动标准的发展完善、平衡各方的利益分配。

通常标准组织在制定知识产权政策中，会要求权利人声明将来按照公平合理非歧视的许可条件对标准实施者发放专利许可，但是实践中，存在标准实施方以标准具有实施开放性为由，擅自实施标准必要专利，侵犯他人专利权。针对此种情况，最高院在《关于审理侵犯专利权纠纷案件应用法律若干问题的解释（二）》第 24 条规定，“推荐性国家、行业或者地方标准明示所涉必要专利的信息，被诉侵权人以实施该标准无须专利权人许可为由抗辩不侵犯该专利权的，人民法院一般不予支持。”根据上述规定，对于推荐性国家、行业或者地方标准明示所涉必要专利的信息，被诉侵权人未经标准必要专利权人许可实施该专利，属于侵犯专利权行为。需要注意的是，标准必要专利的侵权认定有别于普通专利侵权。

（一）标准必要专利侵权的认定规则

对于普通专利来说，发明专利和实用新型专利在侵权判定时采用全面覆盖原则、相同原则和等同原则；外观设计专利在侵权判定时采用的是整体观察综合判定规则。而标准必要专利是一类比较特殊的专利，其侵权判定规则与普通专利的不尽相同。标准必要专利会涉及众多专利，若采用普通专利的侵权判定规则会错综复杂，因此，标准必要专利采用了一套特殊判断方法。广东省高院发布的《关于审理标准必要专利纠纷案件的工作指引》，提供了可参考的标准必要专利侵权判断路径：

——确定标准的具体内容并判断涉案专利是否为标准必要专利；

——有证据证明被诉侵权产品符合标准必要专利所对应的标准的，可推定被诉侵权产品落入标准必要专利权利保护范围；

——被诉侵权人否认被诉侵权产品落入标准必要专利权利保护范围的，须就未实施标准必要专利进行举证。

本条内容是标准必要专利侵权判断方法。因涉标准必要专利的产品通常需经过相关机构检验、认证或颁发许可证后才可进入市场，因此在被诉侵权产品是否落入专利权保护范围的认定上，优先采用“初步证据”+“推定”+“反驳并举证”的方法。该方法既符合标准必要专利和相关产品的特点，也可以提高司法审判效率，同时提供被诉侵权人反驳的机会以确保实质公正。

被告若认为涉案专利不是标准必要专利，需提出异议主张。法院根据被告的异议对涉案专利是否为标准必要专利进行确认。法院通过对涉案专利与其所对应的标准规范进行比对，从而作出是否是标准必要专利的判断。若法院认为涉案专利是标准必要专利，还需进一步判断被诉侵权产品是否符合标准规范，若符合标准规范，则可推定被诉侵权产品落入涉案专利的保护范围。如果被告认为其产品没有落入涉案专利的保护范围，则需要举出相反事实或者证据。

（二）标准必要专利的判定规则

可以发现，在标准必要专利侵权案件中，首先需要判定涉案专利是否属于标准必要专利。这需要讨论标准必要专利产生的过程。在法定标准语境下，标准必要专利的形成过程主要包括两种情形：

一是某一技术获得专利授权后，由权利人向标准组织提交含有专利技术方案的文稿，在经历标准的研究撰写、标准的审核与发布等过程后，若专利权的权利要求与最终发布的技术标准所涵盖的技术方案相对应，此时该专利权便实现了从专利权到标准必要专利的蜕变。

二是某一技术持有人在向标准组织提交含有专利技术方案的文稿时，其专利处于申请过程中，之后获得专利授权后，其权利要求书落入最终发布的技术标准范围之内，属于标准必要专利。

从标准必要专利的产出过程可以看到，最初的一个技术构思在两个并行推进的过程中很有可能会面临修改的问题。如果在标准冻结发布后以及专利获得授权后，标准中的方案与授权的权利要求还能保持对应一致，此时成为真正的标准必要专利。然而，在目前的标准制定实践中，通常采用自愿披露的原则，任何与该技术标准相关的个人或单位均可向技术标准组织披露和申报，且标准组织并不负责对所披露的专利的对应性进行认定。可见，专利权人向标准组织披露的必要专利并不必然就是标准必要专利，只有专利权利要求的每一项技术特征都在标准中被公开，该项权利要求与标准才是对应一致的。

在华为技术有限公司、华为终端有限公司、华为软件技术有限公司与康文森无线许可有限公司确认不侵害专利权纠纷一案中，法院认为，在具体的实践中认定某一专利是否为标准必要专利时，需要把专利的权利要求和标准规范比较，如果权利要求的每个技术特征都可以在标准规范中找到对应，该权利要求则为“标准必要”。在皇家 KPN 公司与小米科技有限责任公司侵害发明专利权纠纷一案中，判断涉案标准是否采用了涉案专利权利要求限定的技术方案，应当判断涉案标准是否包含了与涉案专利权利要求限定的全部技术特征相同或等同的技术特征。

通过上述两则案例可知，在判断涉案专利是否是标准必要专利时，要对比标准规范与涉案专利的权利要求，如果权利要求的每个技术特征都可以在标准规范中找到对应，即标准规范全面覆盖了权利要求的技术特征，则该权利要求为“标准必要”，该专利为标准必要专利。

具体而言，需要通过标准与专利的对应性分析才能确定专利是否为真正的标准必要专利。标准必要专利的对应性分析简单地说就是判断标准中的相关内容是否落入专利的权利要求的保护范围。为了准确、全面地进行技术方案对比，需要制定权利要求对照表。

权利要求对照表是反映专利权利要求所保护技术方案的各个技术特征与技术标准所描述的技术方案的对比表格文件，用于判定标准所描述的技术方案是否落入了该专利的保护范围。进行权利要求对照表对应关系的分析，需要对权利要求进行分解，将其分解成若干技术特征后，在标准中寻找与技术特征对应的描述。根据权利要求对照表中每个技术特征的对比分析，能够最终得出对应性分析的结论。对应性分析的结论分为 3 种类型。如表 4-5 所示。

表 4-5　标准与专利的对应性分析

对应性分析结论	具体体现
强对应	如果权利要求的所有技术特征均能在标准或该标准的相关标准中找到相关描述且与相关描述完全一致，或者权利要求的技术特征上位于该标准或相关标准中的相关描述，或者该标准或相关标准中虽然没有与某个技术特征相关的描述，但该技术特征属于可以直接地、毫无疑义地确定的技术内容，则标准的技术内容毫无疑问地落入专利权的保护范围，因此称为强对应
弱对应	如果权利要求中的部分技术特征在该标准或相关标准中没有找到相关描述，但是从该标准或该标准的相关标准的上下文可以推导出该部分技术特征为实施标准中的技术方案需要使用的技术特征，则标准的技术内容可能落入了专利权的保护范围，由于在特征的推导过程中存在不确定性，因此称为弱对应
不对应	如果通过各种方式充分确定出与权利要求的技术方案相关的全部标准之后，权利要求中的某些技术特征在所有相关标准中均未找到相关描述，或者虽然存在相关描述但与相关描述不一致，也不上位于相关描述，则标准的技术内容没有落入专利权的保护范围，因此称为不对应

（三）标准必要专利侵权救济

标准必要专利“公有性”和“私有性”共存的特点，也导致标准必要专利侵权救济与普通专利有一定的不同。当普通专利权人请求停止侵权的救济时，法院通常不用考虑被告的过错。而标准必要专利侵权案件中，专利权人没有过错而被告有过错时，法院才会支持专利权人的停止侵权请求，最高人民法院在《关于审理侵犯专利权纠纷案件应用法律若干问题的解释（二）》第24条中对此有所规定。

北京市高级人民法院在《专利侵权判定指南（2017）》进一步就标准必要专利权人、被诉侵权人的过错做出了解释，法院判断双方过错的依据是双方在谈判中是否本着诚实信用原则进行协商。专利权人的诚实信用原则体现在其遵守公平、合理、无歧视的许可义务，即FRAND原则。若专利权人违反许可义务，则法院会认定其具有过错。

有下列情况之一，可以认定专利权人故意违反公平、合理、无歧视的许可义务：

——未以书面形式通知被诉侵权人侵犯专利权，且未列明侵犯专利权的范围和具体侵权方式；

——在被诉侵权人明确表达接受专利许可协商的意愿后，未按商业惯例和交易习惯以书面形式向被诉侵权人提供专利信息或提供具体许可条件的；

——未向被诉侵权人提出符合商业惯例和交易习惯的答复期限；

——在协商实施许可条件过程中，无合理理由而阻碍或中断许可协商；

——在协商实施许可过程中主张明显不合理的条件，导致无法达成专利实施许可合同；

——专利权人在许可协商中有其他明显过错行为的。

专利权人未履行公平、合理和无歧视的许可义务，但被诉侵权人在协商中也存在明显过错的，应在分析双方当事人的过错程度，并判断许可协商中断的承担主要责任一方之后，再确定是否应支持专利权人请求停止标准实施行为的主张。对于被诉侵权人的过错，有下列行为之一的，法院可以认定被诉侵权人在标准必要专利许可协商过程中存在明显过错：

——收到专利权人的书面侵权通知后，未在合理时间内积极答复的；

——收到专利权人的书面许可条件后，未在合理时间内积极回复是否接受专利权人提出的许可条件，或在拒绝接受专利权人提出的许可条件时未提出新的许可条件建议的；

——无合理理由而阻碍、拖延或拒绝参与许可协商的；

——在协商实施许可条件过程中主张明显不合理的条件，导致无法达成专利实施许可合同；

——被诉侵权人在许可协商中有其他明显过错行为的。

三、标准必要专利许可条件确认之诉

“欲戴王冠，必承其重”，标准必要专利权利人除了在标准制定过程中有效披露其专利和作出 FRAND 许可声明之外，之后标准实施的全过程皆要受到 FRAND 原则的限制。

（一）标准必要专利许可条件确认的法律依据

标准必要专利纠纷主要是由于当事人对标准必要专利许可条件无法达成一致。当普通专利的权利人和被许可人对许可费无法协商一致时，不能起诉请求法院裁决费率，而标准必要专利权人和标准实施人则可以根据最高院《关于审理侵犯专利权纠纷案件应用法律若干问题的解释（二）》第二十四条第三款的规定，在双方当事人充分协商仍无法达成一致的，请求法院确定标准必要专利许可条件。

根据上述规定，人民法院可以根据当事人请求确定实施条件，而许可费亦为实施条件之一，换言之，人民法院可以根据当事人的请求确定许可费。许可费是根据许可费率计算，在实务中，许可费率的计算成为很多标准必要专利案件的争议焦点。司法实践中，在计算许可费率时用到最多的方法为自上而下法和可比许可协议法。

（二）标准必要专利许可费计算方法

FRAND 原则中公平、合理要求，计算许可费主要从行业累积许可费率、专利权人的贡献和计算方法的合理性等方面综合进行考虑，由此产生“自上而下法”；无歧视作为 FRAND 原则的一部分，各国在具体考虑许可费的收费是否符合“无歧视”原则时，通常采用“可比许可协议”的方法。

自上而下法。先估算出从某一产品的实施某项标准时所必需的所有专利的整体价值（或整体许可费），再将这一总累积费率在不同的专利持有人之间进行合理分配的方法。“自上而下法”限定了各个专利权人只能在这个范围之内进行分配，使得不同专利权人的许可费总和不会超过一个合理的上限，并且能够反映各项技术对产品的贡献度，符合 FRAND 原则中公平、合理的要求。

可比许可协议法。可比许可协议法是“Georgia-Pacific”因素法的延伸，该法先选择较理想的专利许可费比较对象，对该比较对象的可指示性和强度作出判定，最后基于此确定许可费，具体而言通过分析现有或过往专利许可协议中的许可费，来对比目前涉案专利许可的情况，从而计算专利的许可费率。这种方法下所使用的协议直接反映了有意愿的许可方和有意愿的被许可方在公平、独立的条件下通过谈判所达成的协议。需要注意的是，由于产业环境的复杂，遵循 FRAND 原则并不意味着对所有相似许可对象的许可费用及许可条件完全一致，况且企业间许可协议中专利范围、专利数量、专利价值、许可时间、许可范围和条件等各方面的情况也不尽相同。

在通信领域的司法案件中，我国法院认为，依据专利权人国际专利包许可得出的许可费率不具备可比性，在华为技术有限公司、华为终端有限公司等与康文森无线许可有限公司确认不侵害专利权及确认专利许可费率纠纷案件中，南京中院在（2018）苏01民初232、233、234号民事判决书中，提出采用自上而下法的标准必要专利的中国费率的计算公式为：单族专利的中国费率＝标准在中国的行业累积费率×单族专利的贡献占比。法院通过对全球累计费率的确认、标准在中国行业累积费率的测算、中国标准必要专利总族数的认定、单模移动终端产品中各标准项下的许可费率的计算和多模移动终端产品中各标准项下的许可费率的计算，最终确定了该案的许可费率。下文中对核行业中标准必要专利许可费的计算也借鉴了此种思路。

四、标准必要专利中的行为保全

标准必要专利通常包括全球同族专利，争议双方往往会在不同国家提起平行诉讼，并且为了争夺全球专利许可费率的话语权，争议双方可能会分别向法院申请颁发“禁诉令”“反禁诉令”。在我国法律体系下，禁诉令可以体现为我国法院依一方当事人的申请而做出的行为保全的裁定。因有关裁定内容含有“在本案未决之前不得另行起诉”之意，所以人们借用了“禁诉令”来予以指称。

（一）我国法院裁定颁发禁诉令的法律依据

禁诉令是国际法中常使用的概念，通常一国法院在面临管辖权冲突时，应一方当事人申请，对对方当事人颁发的一项限制性命令，以阻止其在他国法院提起或者参加未决或预期的、与本国法院诉求相同的诉讼，属于禁令的一种类型。禁诉令实质上反映的是各国法院对其在具体案件中司法管辖权的考虑。涉外平行诉讼中，各国法院在考虑是否对诉讼当事人签发禁诉令时，最重要的是衡量本国法院是否对该案具有合理的管辖权基础以及签发禁诉令的必要性。

《民事诉讼法》司法解释第五百三十一条规定，“中华人民共和国法院和外国法院都有管辖权的案件，一方当事人向外国法院起诉，而另一方当事人向中华人民共和国法院起诉的，人民法院可予受理。判决后，外国法院申请或者当事人请求人民法院承认和执行外国法院对本案作出的判决、裁定的，不予准许；但双方共同缔结或者参加的国际条约另有规定的除外”，该条可作为消极应对他国禁诉令的依据；《民事诉讼法》第一百零三条规定，“人民法院对于可能因当事人一方的行为或者其他原因，使判决难以执行或者造成当事人其他损害的案件，根据对方当事人的申请，可以裁定对其财产进行保全、责令其作出一定行为或者禁止其作出一定行为；当事人没有提出申请的，人民法院在必要时也可以裁定采取保全措施”，为人民法院适时积极签发禁诉令提供了法律依据。最高院《关于审查知识产权纠纷行为保全案件适用法律若干问题的规定》中，对知识产权纠纷中当事人申请行为保全的管辖、申请要求、审查标准和复议及救济等做了全面的规定。

（二）禁诉令的效力

禁诉令虽然只针对诉讼当事人，不直接针对他国的司法机关，但是其影响却能够跨越国界，使得他国法院的管辖权落空。如果当事人违反禁诉令，后果和违反其他行为保全裁定的后果一样，会导致高额的罚金乃至刑事责任。

在通信领域的标准必要专利纠纷案中，双方当事人在多个国家提起平行诉讼，利用各国家管辖权冲突，互相牵绊与制衡。然而，对于禁止当事人申请执行域外法院裁判以及禁止其在域外寻求司法救济的行为保全申请，审查是否应予准许时，还应考虑国际礼让因素。我国“禁诉令”第一案中，最高人民法院确认了，从受理时间先后、案件管辖适当与否、对域外法院审理和裁判的影响是否适度等考虑国际礼让因素。

2020 年 8 月，最高人民法院在（2019）最高法知民终 732、733、734 号民事裁定书中，对康文森与华为确认不侵害专利权及标准必要专利许可纠纷作出行为保全民事裁定，康文森公司不得在最高人民法院就华为诉康文森案作出终审判决前，申请执行德国杜塞尔多夫地区法院 8 月 27 日作出的一审停止侵权判决。如康文森公司违反裁定，自违反之日起，处每日罚款人民币 100 万元，按日累计。表 4-6 对华为诉康文森案进行案件梳理。

表 4-6　华为与康文森公司标注必要专利案件时间梳理

时间	国家	案件
2017.7	英国	康文森公司向英国法院起诉华为公司侵犯其专利
2018.1	中国	华为公司以确认不侵犯专利权及确认标准必要专利使用费为由，将康文森公司反诉至南京中院
2018.4	德国	康文森公司向德国杜塞尔多夫法院提起标准必要专利侵权诉讼，请求判令华为公司停止侵权并赔偿损失
2019.9	中国	南京中院一审判决，确定华为公司与康文森公司所涉标准必要专利的许可费率。康文森公司不服一审判决，向最高院提起上诉
2020.8.27	德国	在最高院二审审理期间，德国法院作出一审判决，认定华为公司侵害康文森公司欧洲专利，判令禁止华为公司及其德国关联公司提供、销售、使用或为上述目的进口或持有相关移动终端，销毁并召回侵权产品等。该判决可在康文森公司提供 240 万欧元担保后获得临时执行
2020.8.27	中国	华为公司向最高人民法院提出行为保全申请，请求禁止康文森公司在最高人民法院终审判决作出前申请执行德国法院判决。最高人民法院在要求华为公司提供担保的基础上，作出行为保全裁定

通过对华为与康文森公司标注必要专利纠纷的分析，发现我国最高法院作出的行为保全裁定，一定程度上为此案件按下了暂停键，双方当事人在此纷争后，再次进行商业谈判，达成全球一揽子协议，结束了全球多个国家的所有平行诉讼。此后，我国法院还就小米与美国专利巨头交互数字公司做出跨国禁诉令。

五、核行业标准必要专利法律保护重点

目前我国核工业已基本形成一套自主、统一、协调、先进、与我国核电发展水平相适应的核电标准体系，实现了核电技术与工业基础的结合。在此过程中，也产生许多高价值专利，如何将汇聚创新成果的专利以及核行业工程建设经验系统地反映到标准中，从而占据行业有利核心地位，是十分值得

探究的。下文主要以标准必要专利信息的披露要求、许可费收取方式、侵权诉讼中的举证责任为着力点，探究如何降低法律风险，更好地保护标准必要专利，促进标准必要专利的发展与应用。

需要注意的是，下文不对核行业禁诉令的适用展开具体阐述，禁诉令裁定通常发生在通信行业的全球平行诉讼中，通信行业全球专利族众多，标准必要专利的法律保护必然涉及国际管辖权争议，而目前核行业海外专利不多，一是有些核心技术与国家安全密切相关，二是核电产业尚未在海外开展全面的专利布局，因此对核行业中禁诉令的讨论尚早。

（一）及时披露专利信息，避免垄断嫌疑

许多公司对技术标准进行改进，并开发贡献专利技术，标准必要专利会提供巨大的权利给专利权人。通常认为，如果不对标准必要专利进行规范化管理，这种权利将会不公平地限制竞争与控制技术进步的增长。因此，为了减少竞争的担忧和保证促进标准化的优点，标准组织会要求标准必要专利所有者按其他人容易接近专利技术的条件授权标准必要专利。

反观核行业是一个传统且技术门槛极高的领域，在发展过程中，会存在一定的技术传播限制。实际上，在专利与标准的并行发展中，将专利纳入标准，及时披露标准中使用的必要专利，不仅能够通过标准的实施扩大技术的使用范围，促进科技成果转化，还能够提高标准的技术保有量，确保相关场景的质量管理。

此外，相关法律法规也对标准必要专利的信息披露作出了规定。国家标准化委员会、国家知识产权局发布的《国家标准涉及专利的管理规定（暂行）》第 5 条规定，“在国家标准制修订的任何阶段，参与标准制修订的组织或者个人应当尽早向相关全国专业标准化技术委员会或者归口单位披露其拥有和知悉的必要专利，同时提供有关专利信息及相应证明材料，并对所提供证明材料的真实性负责。”若专利权人参与国家标准的制定，应当及时披露其必要专利。

最高人民法院相关司法解释中也规定，标准必要专利权人应遵循FRAND原则进行专利信息披露，若专利权人违反该原则作出许可承诺致使专利许可合同不能实施的，无明显过错的专利侵权人无须停止其标准实施行为。专利权人参与制定标准，故意不向标准组织披露信息的，而事后对标准实施者追责，有排除、限制竞争的嫌疑。2022 年 6 月，国家市场监督管理总局发布的《关于禁止滥用知识产权排除、限制竞争行为的规定（征求意见稿）》第 16 条规定，“具有市场支配地位的经营者不得在标准的制定和实施过程中从事下列行为，排除、限制竞争：（一）在参与标准制定的过程中，故意不向标准制定组织披露其权利信息，或者明确放弃其权利，但是在某项标准涉及该专利后却对该标准的实施者主张其专利权。”凡是以排除和限制竞争的方式，利用知识产权滥用市场支配地位的，由反垄断执法机构责令其停止侵权行为，并处以适当的罚款。因此，在标准制定过程中，若涉及必要专利，专利权人应当及时披露专利信息。

GB/T 20003.1—2014《标准制定的特殊程序　第 1 部分：涉及专利的标准》对标准必要专利的信息披露作出了规定，标准必要专利的申请人/权利人应当提交必要专利信息披露表，该披露表中所必须填写的信息为专利号/专利申请号、专利名称、专利权人/专利申请人、涉及专利的标准条款和是否愿意做出实施许可声明，其中愿意作出实施许可声明的专利权人还需提交一份必要专利许可声明表，表明其愿意许可的方式是免费许可还是收费许可。

（二）确定利益分配原则，避免许可纠纷

在核行业专利与标准相融合的路径中，优先考虑将专利纳入行业标准、企业标准、团体标准中。核行业具有产业链长、领域宽，上下游密切关联的特点，可以依托中国核学会制定团体标准，从标准立项开始引入多方技术主体，经多方协商确定标准中涵盖的必要专利，建立相关专利池，并通过专利池达成一揽子协议，一方面，有利于标准必要专利许可费的确定，便于池内外成员的许可，实现互利共赢；另一方面，与通信行业标准应用于大量的终端产品不同，核行业中标准的实施通常体现在重大工程的建设中，若未提前协商导致专利侵权纠纷的产生，将影响重大工程的进展，通过专利池提前组织专利权人协商确定标准必要专利许可费，可以避免这一法律风险。

例如广东腐蚀科学与技术创新研究院、中国科学院金属研究所、中广核研究院有限公司、中国核动力研究设计院、核工业标准化研究所共同起草的《核电金属结构材料液态铅铋控氧环境中腐蚀浸泡试验方法》中国核学会团体标准，事前多方考虑进行充分的沟通与技术披露，确定团体标准中所涵盖的专利，并由此建立专利池。

在专利池的组建过程，专利池组织方对内履行标准必要专利池的管理职能，依托标准构建专利清单一览表，统计纳入专利池的专利；将专利与标准进行对比，制作权利要求对照表；确定许可费的计算方法或者依据，避免许可费堆叠；定期审查费率以确保FRAND原则的应用，跟踪必要专利在整个标准中的占比变化，更新必要专利的法律状态；对外向标准组织披露、标准实施方披露标准必要专利的信息，防止标准必要专利的实施受到反垄断的规制。

专利池的组建的主要作用是确定许可费的计算方法，其中涉及许可费率与许可费计费基础的计算，许可费＝许可费计费基础×许可费费率。核行业标准的制定者通常在技术流转中充当着重要的角色，存在可类比的技术许可、转让协议，为标准必要专利许可费率的计算与收取提供依据。核行业标准必要专利许可费率的确定，可以考虑在采取可比许可协议法的基础上，结合自上而下法，考虑实施该专利所获得的利润以及该利润在被许可人相关产品销售利润或销售收入中所占比例；在专利权人之间合理分配专利许可费，对必要专利的价值进行评价，得出各专利价值系数后，按照占比进行利益分配。

核行业标准必要专利许可费的计算还需要考虑许可费叠堆问题，避免给许可费重复收取给技术实施人带来不合理的负担，阻碍技术实施人的正常市场运作，实际上这是确定许可费的计费基础。根据专利权用尽的原则，专利权人只能在同一产品的产业链上收取一次许可费。目前许可费的收取有以“最小可适销专利实施单元”和“终端产品”为基准两种方法。仅在专利权人能够证明其专利所涉及的组件是整体产品售卖的主要动机时，才允许以整体产品为许可费计算基础，即“整体市场价值原则”，有些通信企业采用此种方式。

核行业具有产业链长的特点，仅以核电产业为例，按照各环节在产业链中的位置分为上游、中游和下游环节，每个环节又由众多其他环节组成，在此过程中，都可能产生标准必要专利，对细小专利许可费的确定采用整体市场价值原则存在一定的操作困难。因此，专利池应以“可适销专利实施单元”为基础对许可费进行定价。

此外，在许可费收取以及专利池各方利益分配中，需要注意的是，专利权人所做出的贡献是其创新的技术，专利权人仅能够主张其专利技术本身的价值，而不能将技术进入标准而获得的额外利益涵盖在内；收取许可费时，还需要考虑许可费支付的方式，采取动态的费率形式还是固定收费模式以及后续技术合作中是否伴随专利转让等因素；对内还需要考虑专利池成员之间存在的交叉许可关系，综合考虑达成收费一致。

（三）积极开展维权举证，占据诉讼优势

标准必要专利的产生与应用过程中，充满了争议与纠纷，尤其是在标准必要专利侵权案件中，专利侵权、标准必要专利的认定都是各方当事人争议的焦点。标准必要专利侵权诉讼中，标准必要专利权人要证明其专利为标准必要专利，最初的举证内容包括：专利所涉标准的名称、章节、版本、发行时间及其文本。近年来，我国参与制定多个核行业国际标准，若此中涉及侵权问题，需提供我国标准组织采标的相关证据及其国内标准文本，以及所涉标准的知识产权政策，专利权人向标准组织做出的声明、标准组织的标准必要专利公示信息；必要时，标准必要专利人还可以提供指控侵犯的标准必要专利的权利要求和标准的对照表。在核行业中，不仅需要关注以上举证责任，还应当及时进行国内外专利布局，尤其是需要平衡商业秘密的机密性与专利的公开性。

对于被告方而言，若否认被诉侵权产品落入标准必要专利权利保护范围的，须就未实施标准必要专利进行举证。首先要确认涉案专利对于相关标准的必要性，审查标准制定过程中的相关文件。其次在诉讼中，可以从标准组织知识产权政策和认定标准必要专利的过程相关的事实中寻找确认或者破坏专利关键性的一些线索。例如，需要确认与涉案专利相关的标准是在涉嫌侵权行为形成之前产生的；还要注意同族专利的披露问题，若仅是对同族专利进行披露，不能延续到案件中的中国专利，除非其同族专利的权利要求与中国专利中的完全相同。

第七节 标准与专利融合的一般流程

标准与专利融合是科技成果标准化工作和专利化工作的结合，其实施过程中一般需要标准组织、科技成果所有单位、知识产权专业机构和标准化专业机构的共同参与。标准制定与专利申请是两个并行的过程，二者若存在技术路线上的交叉，其复杂度将会大幅提升。除了技术方案本身外，标准制定中的博弈过程、权利要求的撰写和专利申请的审查质量等因素都将影响到标准必要专利的产出。为了推进核工业标准与专利融合，上述机构都需要明确工作流程，采取适当的标准提案申请策略和专利申请策略。

图 4-2 给出了标准与专利融合的一般流程，不体现各项工作流程的先后顺序，仅说明标准与专利融合工作的实施主体和必要流程，即专利化、标准

化、标准与专利的等同性分析等过程。

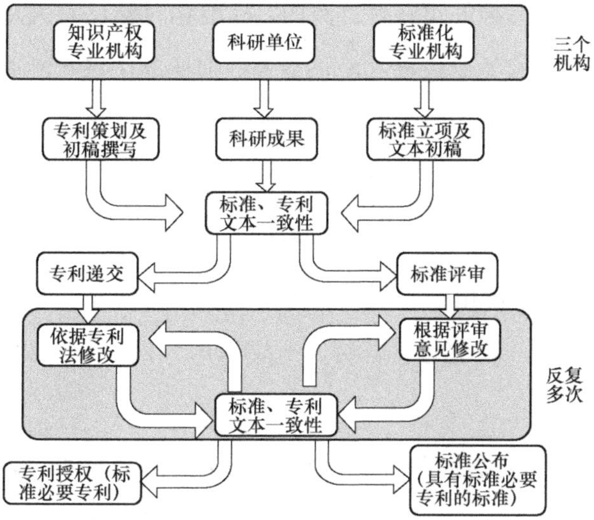

图 4-2 标准与专利融合工作流程

一、专利化先于标准化

由于借助知识产权手段保护科研成果已经成为一种常规手段，加之标准制定周期较长，科研成果先转化为专利后进入标准是标准与专利融合的一般情况，也就是专利标准化的过程。一般具有以下流程：标准化对象选取、标准化可行性分析、专利必要性分析、标准类型选取、标准项目申报、标准制修定。上述流程中，前四项流程属于前期策划阶段工作，后三项流程为实际的标准制修订工作。

标准化对象选取是指针对已有的专利技术，选取其所要标准化的对象，进行标准化的初步策划。策划过程中要结合标准化的另外两大要素，即标准目的和使用者，来考虑标准的内容。例如对于一种新产品，相关专利给出了其制造方案，则标准化对象可以考虑为产品的性能指标和检验方法等。

确定标准化对象后，应结合行业技术发展情况、技术所在专业领域的标准与法律法规情况、技术预期的市场竞争力和接受度等因素，分析该标准化对象是否具备制定标准的可行性。例如，标准化对象已有大量实践经验，在行业内推广有利于相关单位提高经济效益，则标准化可行性强，可以考虑制定适用范围较广的标准；反之，若技术路线在市场上存在竞争对手，则制定企业标准或团体标准的可行性强。

专利必要性分析对应于“标准、专利文本一致性”相关工作，即初步确定标准化对象后，分析相关专利是否对标准应用是必不可少的。若专利必要性强，则可进入下一步流程；若否，则要考虑修改标准化对象或进行专利布局。

标准类型选取是指选择标准申报的渠道，即国际标准、国家标准、行业标准、团体标准和企业标准等不用适用范围的标准类型。上述不同的标准类型侧重的标准化对象、立项难度、融入专利的难度都不尽相同。

标准项目申报与制修订过程中需要注意在不同阶段按要求披露相关专利和做出专利许可的承诺。这两项流程是最容易出现纠纷的阶段，科研成果所有单位、知识产权专业机构和标准化专业机构都应具备足够的法律知识，做好利用法律手段合理争取利益的准备。

二、标准化先于专利化

这一情况对应于前文提到的另一种标准与专利融合的基本模式——标准专利化。其工作流程一般为：标准现状分析、专利权客体选取、专利必要性分析、专利申请。

标准现状分析应针对标准中规定的需求和未做规定的方法，分析现有标准可能的发展方向、实施现有标准需要采用的技术方法及相关联的技术方法，作为潜在的专利权客体。在此基础上，结合企业实际策划准备申请的专利技术。专利必要性分析与前文类似，在此不做赘述。

在专利申请和审查的过程中，专利申请人可以准备重点专利的权利要求对照表，根据权利要求对照表来应对权利要求的修改。权利要求对照表可以将标准作为“对比文件”，重点专利的权利要求作为“本申请”进行特征对比。如果作为“对比文件”的标准公开了“本申请”的权利要求的所有技术特征，那么表明“本申请”的权利要求的保护范围涵盖了该标准的技术方案，这也是该专利申请成为标准必要专利的必要条件。当专利获得授权后，这样的重点专利将成为真正的标准必要专利。

三、标准化与专利化同时进行

这一情况适用于获得重要创新，能够提升行业整体技术水平的新技术、新产品，在科研成果刚刚产出时进行标准化与知识产权管理的整体策划。通常，一个发明构思要演变成为标准必要专利，需要经历两个并行的过程：一个是标准制定过程，另一个是专利申请过程。由于标准制定过程一般较长，故在此情况下一项标准的制定往往伴有多项专利的申请同时进行。

从理论角度看，技术标准制定过程分为策划阶段和编制阶段。在策划阶段，主要从技术和商业角度对技术标准的需求进行汇总与核查，如所需资源、时效性和竞争情况等，从而确定制定技术标准的机会窗口是否已打开。在编制阶段，主要是在综合企业、用户、技术专家等利益相关者需求的基础上，制定并颁布技术标准；之后，在供应商、运营商和用户等利益相关者积极配合下实施技术标准；在实施标准的过程中，标准组织对技术标准进行周期性评价，及时修订技术标准。

从实践角度看，标准制定程序大致分为申报阶段、征求意见阶段、标准审查阶段、标准发布阶段以及标准的维护及版本更新阶段，直至版本冻结，标准化工作完成。

与标准制定流程并行的过程是专利申请人的专利申请行为。对于一个技术研发单位而言，在标准需求阶段就已经开始了初始的专利申请或者称为布局工作。通常来说，一项新技术在进入工业界形成工业标准之前会首先在学术界形成讨论热点。因此，在初始布局阶段，部分公司就已经初步形成有针对新的应用场景以及业务需求而产生的技术方案，并且就这些技术方案申请专利。

当相应技术的标准项目立项之后，即对应于标准制定过程的征求意见阶段，是专利申请人进行大量潜在标准必要专利布局的时期。在这个阶段，专利申请人会根据技术方案在标准组织中的讨论情况对初始布局的专利进行细化布局，包括对一些技术方案的进一步细化。专利申请人不仅对自己在标准组织中主张的提案相关的技术方案进行专利布局，同时也会根据其他竞争对手提出的技术方案作出专利布局，以避免自己的提案未通过而竞争对手的提案通过从而导致自身在专利竞争中的被动局面。随着标准制定进程的不断推进，这个时期的专利申请量呈现出急剧上升的态势。

当标准制定流程推进到审查阶段时，随着标准组织中技术方案的通过或否决，标准的方向越来越明晰。此时，专利申请人将根据技术方案的通过情况确定出涉及通过的技术方案的专利申请作为重点专利，并根据重点专利的审查情况进行权利要求的修改等。如果专利申请已进入审查阶段，并且答复审查意见通知书时所进行的修改不足以覆盖通过提案的技术方案，专利申请人还可以通过分案的方式重新撰写新的权利要求，使得权利要求的保护范围覆盖通过提案的技术方案。

最初的一个技术构思在标准化与专利化两个并行推进的过程中均会面临修改的问题，只有在标准冻结发布后以及专利获得授权后，标准中的方案与授权的权利要求还能保持对应一致，此时才能产出标准必要专利。反之，一个技术构思即使通过小组、全会的投票表决，写入了标准，但如果在其审查过程中因不符合专利法的要求而无法获得授权，或者为了符合专利法的规定而进行修改，不再与写入标准的技术方案相对应，都无法使其成为具备重大价值的标准必要专利。即便是重点专利最终获得了与标准一致的授权，成为一件标准必要专利，还存在着被宣告无效的风险，即标准必要专利的权利稳定性也至关重要。可见，标准必要专利的产出非常困难，除了技术方案本身之外，标准制定中的博弈过程、权利要求的撰写和专利申请的审查质量等因素都将影响到标准必要专利的产出。

参考文献

［1］全国人民代表大会常务委员会. 中华人民共和国标准化法［Z/OL］.（2017-11-04）［2023-02-19］. http://www.sac.gov.cn/sbgs/ffg/f/bzhf/201711/t20171108 318652.htm.

［2］全国人民代表大会常务委员会. 中华人民共和国专利法［Z/OL］.（2020-10-17）［2023-02-19］. https://www.cnipa.gov.cn/art/2020/11/23/art_97_155167.html.

［3］中共中央，国务院. 国家标准化发展纲要［Z/OL］.（2021-10-10）［2023-02-19］. https://www.samr.gov.cn/xw/mtjj/art/2023/art_90ecff84824a4399bd2b1849b0e0f204.html.

［4］中共中央，国务院. 知识产权强国建设纲要（2021—2035 年）［Z/OL］.（2021-09-23）［2023-02-19］. https://www.cnipa.gov.cn/col/col2741/index.html.

［5］中共中央，国务院. 关于开展质量提升行动的指导意见［Z/OL］.（2017-09-12）［2023-02-25］. https://www.gov.cn/zhengce/2017-09/12/content_5224580.htm.

［6］国务院. 国家知识产权战略纲要［Z/OL］.（2018-06-01）［2023-02-25］. https://www.cnipa.gov.cn/art/2018/6/1/art_734_48203.html.

［7］国务院. 国务院关于新形势下加快知识产权强国建设的若干意见［Z/OL］.（2015-12-18）［2023-02-25］. https://www.gov.cn/zhengce/content/2015-12/22/content_10468.htm.

［8］国务院. 关于印发“十四五”国家知识产权保护和运用规划的通知

[Z/OL].(2021-10-09)[2023-03-15]. https://www.cnipa.gov.cn/col/col2757/index.html.

[9] 国务院. 质量发展纲要(2011-2020 年). [Z/OL].(2011-05-11)[2023-03-21]. http://www.hunan.gov.cn/xxgk/wjk/zcfgk/202007/t20200730_98f0e5e8-ae3f-4d38-bf11-f4c28da543ef.html.

[10] 国务院. 装备制造业标准化和质量提升规划[Z/OL].(2016-08-01)[2023-03-21]. https://www.sac.gov.cn/zt/ydylzt/zccs/art/2017/art_f4439a1f75a741b9b53b717b99ef5d11.html.

[11] 国务院办公厅. 消费标准和质量提升规划(2016—2020 年)[Z/OL].(2016-09-06)[2023-03-27]. https://www.gov.cn/zhengce/content/2016-09/12/content_5107628.htm.

[12] 国务院办公厅. 国家标准化体系建设发展规划(2016—2020 年)[Z/OL](2015-12-17)[2023-03-21]. https://www.gov.cn/xinwen/2015-12/30/content_5029624.htm.

[13] 国家市场监督管理总局. 国家标准管理办法[Z/OL].(2022-09-09)[2023-05-11]. https://www.sac.gov.cn/sp/art/2022/art_90b7f5c7a6af40ffaf10b58ed4ad7649.html.

[14] 国家市场监督管理总局. 强制性国家标准管理办法[Z/OL].(2020-01-06)[2023-05-21]. https://www.samr.gov.cn/zw/zfxxgk/fdzdgknr/fgs/art/2023/art_55dfc4258efd4d0abd2d8e407ec2b.html.

[15] 国家市场监督管理总局. 关于《行业标准管理办法(征求意见稿)》公开征求意见的通知[Z/OL].(2023-05-19)[2023-05-25]. https://www.samr.gov.cn/hd/zjdc/art/2023/art_80598a3851b043558a11529504302128.html.

[16] 国家质量监督检验检疫总局,国家标准化管理委员会,民政部. 团体标

准管理规定［Z/OL］.（2019-01-09）［2023-05-25］. http://www.mca.gov.cn/article/xw/tzgg/201901/20190100014509.shtml.

［17］国家质量监督检验检疫总局，国家标准化管理委员会. 关于培育和发展团体标准的指导意见［Z/OL］.（2016-02-19）［2023-05-25］. http://www.iachina.cn/art/2016/2/29/art_82_1439.html.

［18］国家市场监督管理总局. 禁止滥用知识产权排除、限制竞争行为规定［Z/OL］.（2023-06-29）［2023-08-11］. http://www.samr.gov.cn/xw/zj/art/2023/art_40a491351ced42b4a814bcf87bb4cb6b.html.

［19］国家标准化管理委员会，国家知识产权局. 国家标准涉及专利的管理规定（暂行）［Z/OL］.（2013-12-20）［2023-08-14］. https://www.sac.gov.cn/xxgk/flfg/art/2014/art_1f6291ae91a14b29a89b3eb6e01021c7.html.

［20］住房城乡建设部办公厅. 工程建设标准涉及专利管理办法［Z/OL］.（2017-01-12）［2023-09-01］. https://www.mohurd.gov.cn/gongkai/zhengce/zhengcefilelib/201701/20170120_230401.html.

［21］国家质量监督检验检疫总局，国家标准化管理委员会. GB/T 20003.1—2014 标准制定的特殊程序 第 1 部分：涉及专利的标准［S］.（2014-04-28）［2023-09-01］. 北京：中国标准出版社，2014.

［22］国家质量监督检验检疫总局，国家标准化管理委员会. GB/T 1.1—标准化工作导则 第 1 部分：标准化文件的结构和起草规则［S］.（2020-03-31）［2023-10-01］. 北京：中国标准出版社，2020.

［23］中国标准化协会，中国专利保护协会. T/CAS 2.1—2019 团体标准涉及专利处置指南 第 1 部分：总则［S］.（2019-12-09）［2023-10-03］. 北京：中国标准化协会，中国专利保护协会，2018.

［24］中国标准化协会，中国专利保护协会. T/CAS 2.2—2019 团体标准涉及专利处置指南 第 2 部分：专利披露［S］. 北京：中国标准化协会，中国专利保护协会，2018.

［25］中国标准化协会，中国专利保护协会. T/CAS 2.3—2019 团体标准涉及专利处置指南第 3 部分：专利运用［S］. 北京：中国标准化协会，中国专利保护协会，2018.

［26］科技部，质检总局，国家标准委.“十三五”技术标准科技创新规划［Z/OL］.（2017-06-22）［2023-10-01］. https://www.safea.gov.cn/xxgk/xinxifenlei/fdzdgknr/fgzc/gfxwj/gfxwj2017/201706/t20170622_133684.html.

［27］国家知识产权局. 产业知识产权联盟建设指南［Z/OL］.（2015-04-28）［2023-10-01］. https://www.cnipa. gov.cn/art/2015/4/28/art_437_43313.html？eqid=d5943ee600031f3b000000046458ac21.

［28］国资委，国家知识产权局. 关于推进中央企业知识产权工作高质量发展的指导意见［Z/OL］.（2020-03-19）［2023-10-01］. http://www.sasac.gov.cn/n2588020/n2588072/n2591148/n2591150/c14096120/content.html.

［29］刘影. 洞察全球 SEP 政策态势，我们准备好了吗？［R/OL］. http://news.sohu.com/a /537266087_221481.

［30］最高人民法院. 关于人民法院知识产权审判工作情况的报告［R］. 北京：最高人民法院，2021.

［31］最高人民法院. 关于审理侵犯专利权纠纷案件应用法律若干问题的解释（二）［Z］. 北京：最高人民法院，2014.

［32］北京市高级人民法院. 专利侵权判定指南（2017）［S］. 北京：北京市高级人民法院，2017.

［33］江苏省南京市中级人民法院. 江苏省南京市中级人民法院民事判决书（2018）苏 01 民初 232、233、234 号［Z］. 南京：江苏省南京市中级人民法院，2019.

［34］吴韬，周心怡. FRAND 许可费的计费基础：最小可销售单元（SSPPU）规则及其适用［J］. 电子知识产权，2022（09）：4-17.

［35］刘影. 标准必要专利许可费率的计算：理念、原则与方法［J］. 清华法

学，2022，16（04）：148-167.

［36］张春东，莫丹. 核行业知识产权发展报告（2022）［M］. 北京：中国原子能出版社，2022.

［37］IEC，ISO，ITU.ISO/IEC/ITU common patent policy［Z/OL］.（2007-04-18）［2023-03-21］. https://www.iso. org/iso-standards -and-patents.html.

［38］IEC，ISO，ITU.Guidelines for Implementation of the Common Patent Policy for ITU-T/ITU-R/ISO/IEC［Z/OL］.（2022-12-16）［2023-03-27］. https://www.iso.org/iso-standards-and-patents.html.

［39］European Commission.Setting out the EU approach to Standard Essential Patents［Z/OL］.（2017-10-01）［2023-05-21］. https://www.eumonitor.eu/9353000/1/j9vvik7m1c3gyxp/vkjqny78e3rq.

［40］European Commission.Proposal for a Regulation of the European Parliament and of the Council on standard essential patents and amending Regulation（EU）2017/1001［Z/OL］.（2023-04-27）［2023-05-21］. https://eur-lex.europa.eu/LexUriServ/LexUriServ.do？uri=SWD：2023：0124：FIN：EN：PDF.

［41］European Commission.Intellectual property–new framework for standard-essential patents［Z/OL］.（2022-02-14）［2023-06-11］. https://aeneas-office.org/2022/04/11/new-framework-for-standard-essential-patents-have-your-say/.

［42］USPTO，DOJ，NIST. Policy statement on remedies for standards-essential patents subject to voluntary F/RAND commitments［EB/OL］.（2019-12-19）［2023-06-21］. https://www.uspto.gov/sites/ default/files/documents/SEP%20policy%20statement%20signed.pdf.

［43］易继明. 美国标准必要专利政策评述［J］. 信息通信技术与政策. 2023（3）：1-9.

［44］UKIPO. Standard Essential Patents and Innovation：Call for views.

[EB/OL].（2021-12-7）[2023-06-21]. https://www.gov.uk/government/consultations/standard-essential-patents-and-innovation-call-for-views.

[45] Japan Patent Office.Manual of “Hantei”(Advisory Opinion) for Essentiality Check（Revised Version）.

[46] Japan Patent Office.Guide to Licensing Negotiations Involving Standard Essential Patents(2nd Edition).[Z/OL].(2022-07)[2023-08-15]. https://www.jpo.go.jp/e/support/general/sep_portal/index. Html.